ACCESO GRATIS *a la Lectura en la Nube*

Para visualizar el libro electrónico en la nube de lectura envíe junto a su nombre y apellidos una fotografía del código de barras situado en la contraportada del libro y otra del ticket de compra a la dirección:

ebooktirant@tirant.com

En un máximo de 72 horas laborales le enviaremos el código de acceso con sus instrucciones.

Hip Hop en Sinaloa: el Rap y sus aspectos económicos, sociales y comunicativos

Procedimiento de selección de originales, ver página web:
www.tirant.net/index.php/editorial/procedimiento-de-seleccion-de-originales

Cristian Daniel Torres Osuna

Hip Hop en Sinaloa: el Rap y sus aspectos económicos, sociales y comunicativos

tirant humanidades
Ciudad de México, 2025

En caso de erratas y actualizaciones, la Editorial Tirant Humanidades publicará la pertinente corrección en la página web www.tirant.com.

Este libro fue dictaminado a doble ciego y aprobado

© TIRANT HUMANIDADES
DISTRIBUYE: TIRANT HUMANIDADES MÉXICO
Av. Tamaulipas 150, Oficina 502
Hipódromo, Cuauhtémoc,
CP 06100, Ciudad de México
Telf: +52 1 55 65502317
infomex@tirant.com
www.tirant.com/mex/
ISBN: 978-84-1081-140-9
MAQUETA: Tirant lo Blanch

Si tiene alguna queja o sugerencia, envíenos un mail a: atencioncliente@tirant.com. En caso de no ser atendida su sugerencia, por favor, lea en *www.tirant.net/index.php/empresa/politicas-de-empresa* nuestro Procedimiento de quejas.

Responsabilidad Social Corporativa: *http://www.tirant.net/Docs/RSCTirant.pdf*

Índice

Sobre el autor

Cristian Daniel Torres Osuna.

-Miembro del Sistema Nacional de Investigadoras e Investigadores (SNII nivel 1)

-Investigador Honorífico del Sistema Sinaloense de Investigadores

- Doctor en "comunicación, cambio social y desarrollo" por la Universidad Complutense de Madrid

-Profesor e Investigador de Tiempo Completo Titular "C" en la Facultad de Ciencias Sociales de Mazatlán de la Universidad Autónoma de Sinaloa.

-Analista de las industrias culturales en general y de la industria de la música en particular, desde la perspectiva de la economía política de la comunicación y la cultura.

Autor de diversos artículos científicos, capítulos de libros, y de los libros "In Stereo: La industria de la música actual" (2014); Efectos económicos y socioculturales de la globalización en México y España (Coord. 2014); Músicos mexicanos independientes y sus facetas socioeconómicas: desde la creación hasta el concierto en vivo (2017); Movilidad humana, Desarrollo Regional y Estudios Culturales (Coord. 2020); Germán Lizárraga: el heredero (2021); Estudios Socioculturales de las y los jóvenes de Sinaloa (Coord. 2022).

Otras distinciones: posgrado en el extranjero con beca CONAHCYT; distinción honorífica de *Doctor Europeo* por la Unión Europea; estancia de investigación en la Universidad de Grenoble (Francia); egresado del programa *Doctores Jóvenes* de la Universidad Autónoma de Sinaloa; reconocimiento CONAHCYT por estancia posdoctoral en la Facultad de Ciencias Políticas y Sociales de la UNAM; reconocimiento por contar con el *Perfil Deseable para Profesores de Tiempo Completo* de la Secretaría de Educación Pública.

Dedicatoria

Con mucho agradecimiento dedico este esfuerzo a mi familia, siempre firme como pilar de apoyo para este y todos mis emprendimientos; a mis amistades que me estiman e impulsan; a todas las personas involucradas en la industria de la música y el Rap sinaloense, quienes me han aportado tanto conocimiento a lo largo de los años; a mis colegas en la investigación que me inspiran a continuar trabajando arduamente; y a la Universidad Autónoma de Sinaloa y el Sistema Nacional de Investigadoras e investigadores (SNII) por confiar en mi trabajo. A todas y todos: RESPECT.

Introducción. La importancia de la música y quienes la crean en nuestro entorno

Como iniciación de este recorrido investigativo, es esencial asentar que, desde la óptica de la economía política de la comunicación y la cultura, el sector musical se establece como una de las actividades más pujantes en términos socioeconómicos dentro del extenso rubro de las industrias culturales. Es irrefutable que la música, ya sea en formatos físicos o digitales, se muestra como una de las expresiones del arte más presentes en nuestra cotidianidad, efectuando un rol fundamental en el enriquecimiento tanto de la cultura como de la economía mundial. Esta dualidad la ubica como "el principal sector de las industrias del entretenimiento" (Voguel, 2001:11).

La aseveración de Voguel es sin duda apropiada, pues no es difícil comprobar que la música hace importante presencia en nuestro día a día, más que cualquier otra expresión cultural, ya sea en sus formatos analógicos tradicionales (vinilos, casetes, discos compactos), en sus formas digitales (Mp3, Wav, Aiff, etc.) o como complemento de otras ramas empresariales como el cine, televisión, radio, videojuegos, publicidad, supermercados, teatros, museos, antros, restaurantes y un largo etcétera.

Por lo tanto, podemos comprobar sus dos caras primordiales: la económica y la social, es decir, a la par que impulsa la generación de empleos y capital adentro y afuera de la industria de la música (para quienes crean, productores(as), *bookers*, ingenieros(as) de audio, estudios de grabación, locutores(as) de radio, medios especializados, periodistas, estudios audiovisuales, fotógrafos(as), diseñadores(as) gráficos(as), etc.) nos proporciona visiones del mundo que acompañan nuestras acciones cotidianas. Es irrefutable que gran parte de lo que somos lo hemos aprendido de manera multifactorial a lo largo de nuestra crianza dentro de la socialización primaria (familia, amistades, asociación religiosa, escolaridad, etc), y en función de eso, nos influye de manera más o menos significativa lo que hemos leído, visto, pero sin duda también escuchado.

Teniendo en cuenta tal importancia, es preciso continuar y aumentar los estudios sobre el sector, delimitando sus diversas áreas de desarrollo; por lo tanto, el presente libro realiza, en un primer momento, un recorrido contextual sobre el nacimiento y desarrollo del Hip Hop como cultura y del Rap como su género musical estandarte, primero a nivel global y posteriormente sobre su expansión a México y sus características particulares, esto nos permitirá tener esa base conceptual sobre la que se asienta todo el posterior desarrollo del Rap en México y de las distintas maneras de hacer industria musical.

Dentro de ese escenario, se desenvuelve nuestro interés central de este libro: las raperas y raperos independientes de Sinaloa (con una carrera basada regularmente en la autogestión y sin el apoyo de un gran sello discográfico). De tal manera que, realizaremos un recorrido sobre sus líneas de acción de tal forma que, sin aspiración de generalizar, daremos cuenta de variadas formas de vivir el sector musical, dentro de categorías primordiales como: creación, producción, distribución y promoción, comercialización, Internet y conciertos en vivo.

En los siguientes apartados buscamos conocer cómo se desarrollan quienes crean Rap en el Estado en un ambiente contemporáneo, en el que la innovación constante nos muestra numerosas vías para crear industria, revelando un movimiento en el que coexiste una mayor multiplicidad de creaciones, contenidos, modelos de promoción, negocio, complejidades, y en el que "se está produciendo más música que nunca... se está distribuyendo más música que nunca... se está consumiendo más música que nunca... se está comentando más música que nunca" (Márquez, Israel, 2014: 22-24).

Las raperas y raperos son un eslabón indispensable en la cadena de la industria de la música nacional; por lo tanto, es primordial tener información de primera mano, en este caso de Sinaloenses, de su propia voz, para intentar robustecer la investigación sobre el sector y sus experiencias, definiendo ciertas tendencias que contribuyan con ideas que, en el mejor de los escenarios, puedan convertirse en políticas públicas afines a las necesidades de todas las personas implicadas. Dicho esto, la mayor parte indagación que estás a punto de examinar, se desglosa partiendo de una serie de entrevistas en profundidad aplicadas a grupos y solistas de la escena del Rap en Sinaloa, así como a personalidades relacionadas con el sector.

CAPÍTULO 1. El Rap: contexto histórico, masificación y su relación con México y Sinaloa

Cristian Daniel Torres Osuna, Luis Enrique Gómez Llanos López

Introducción

El Rap, como elemento central de la cultura Hip Hop, es una forma de expresión lírica y rítmica que utiliza la música como base para transmitir mensajes, contar historias y reflexionar sobre diversas realidades sociales. Desde sus inicios en los barrios marginados de Nueva York en la década de los setenta, se ha convertido gradualmente en un fenómeno global que trasciende la mera expresión musical, instaurándose como un vehículo de identidad, resistencia, conciencia social, unión, diversión, entre otros aspectos significativos para las comunidades urbanas.

Lo anterior, se ha visto reflejado históricamente en los variados discursos que el género musical nos ha aportado a través de múltiples exponentes a lo largo de las décadas, quienes han utilizado su arte para ofrecernos sus visiones del mundo; y es que el Rap, de acuerdo con Tijoux (2012), se caracteriza por su fluidez verbal, rimas, juegos de palabras y cadencia rítmica, utilizando la voz como instrumento para transmitir emociones y narrativas que posteriormente se diseminan en el imaginario colectivo.

El Hip Hop va más allá de la música, abarcando elementos como el grafiti, el breakdance, la vestimenta y cuestiones mayormente culturales que se desarrollan con el entorno del individuo. Para Tijoux (2012), Hip Hop es una cultura que surge como respuesta a la opresión y marginalización de las comunidades negras, siendo un medio para expresar identidad, denunciar injusticias y promover cambios sociales a través de la música y las diversas formas artísticas que lo componen.

Esta cultura se ha convertido en una voz poderosa para aquellos que han sido históricamente marginados, proporcionando un espacio para la autoexpresión y la resistencia. Feixa (2022) destacan cómo el hip-hop ha sido utilizado como herramienta para enfrentar la violencia, la discriminación y la desigualdad, convirtiéndose en una forma de empoderamiento para las comunidades urbanas alrededor del mundo.

Si bien, el Rap, en ocasiones, ha sido objeto de crítica en la opinión pública debido a los discursos que se reflejan mediante sus letras, siendo temas controvertidos sobre la violencia, el pandillerismo, y otras realidades sociales complejas que la comunidad afroamericana ha enfrentado, también han sido reconocidos como formas de arte legítimas, descripciones de la realidad social y sus complejidades en el marco de la libertad de expresión, tomando una relevancia significativa dentro de la industria cultural contemporánea.

Carmona (2023) resalta que el Rap ha logrado repercutir y evolucionar distintas formas de expresión cultural, diversificando sus temas de interés y generando impacto en las audiencias, influyendo no sólo en la música, sino también en la moda, el lenguaje, el entretenimiento, y en la cotidianeidad de las generaciones jóvenes.

El Hip Hop y el Rap, como su componente central, han trascendido fronteras convirtiéndose en movimientos culturales y sociales de gran relevancia en el mundo entero, no obstante; para este capítulo nos enfocaremos en el análisis de la importancia cultural de este género en Estados Unidos y México, siendo el principal interés observar el fenómeno desde una retrospectiva histórica, ya que Estados Unidos fungió como catalizador del Rap como forma de expresión cultural debido a sus contextos sociales y políticos, revolucionando la escena musical, fungiendo como un vehículo de expresión, resistencia y conciencia social para las comunidades urbanas de ambos países.

En Estados Unidos, el auge del Rap en las décadas de los setenta y ochenta en los barrios marginales de Nueva York representa una respuesta artística y cultural a las realidades de la vida urbana. Autores como

Carmona (2023) señalan que el rap se convirtió en una forma de contar historias de la calle, de su entretenimiento y de expresar la lucha por la igualdad racial y económica, así como criticar la violencia y la discriminación que enfrentaban las comunidades afroamericanas y latinas en el país.

En el ámbito mexicano, de manera similar, el Rap fue adoptado como herramienta de expresión de estilos vida y resistencia ante la desigualdad, la injusticia y la falta de oportunidades en las áreas urbanas. Doncel de la Colina (2023) resalta cómo el Rap ha servido como un medio para dar voz a las experiencias de marginalización, denunciar la corrupción y la violencia, y promover la identidad cultural de las comunidades indígenas y mestizas.

La importancia cultural del Rap radica en su capacidad para trascender la música, convirtiéndose en formas de vida, en lenguajes que definen la identidad de las comunidades urbanas. De esta manera, se destaca una forma de expresión que permite a los jóvenes sentirse identificados a través de un sentido de pertenencia y una comunidad que se forma desde discursos diversos.

Históricamente, el Rap ha sido un canal para la protesta, la reflexión y la movilización, y estas manifestaciones han sido expresiones usadas para abordar temas políticos, sociales y económicos, generando conciencia y movilizando a las comunidades para exigir cambios y justicia social. No obstante, el abanico de posibilidades discursivas del género se ha abierto hacia otras manifestaciones menos politizadas, pero que también hacen parte importante del núcleo social, la fiesta, disfrute, sexo, relaciones amorosas, familia, etc.

La llegada del Rap a los Estados Unidos y su evolución en la industria musical

El Bronx, Nueva York, durante la década de 1970, se convirtió en el caldo de cultivo para el surgimiento del Rap, movimiento cultural que cambiaría la música y la sociedad para siempre. En medio de la pobreza, la marginalización y la desigualdad, los jóvenes afroamericanos y latinos encontraron en la música una forma de expresión y resistencia ante sus duras realidades.

Según Carmona (2023), en el contexto del Bronx, el surgimiento del Rap puede rastrearse a fiestas callejeras y reuniones en parques donde DJ's como Kool Herc, Afrika Bambaataa y Grandmaster Flash introducían innovaciones musicales, como el "breakbeat", técnicas de mezcla y scratching, creando ritmos nuevos y emocionantes. Estos DJ's fueron pioneros en la transformación de la música, fusionando diferentes géneros para dar lugar a un estilo único que sería la base del Rap.

Como expresión poética y oral, el Rap encontró su voz en MC's (Maestros de Ceremonias) que improvisaban rimas y versos sobre los ritmos de los DJ's. Dentro de esta capacidad de improvisación se marcaba una creatividad verbal, que se generaban a través de metáforas y juegos de palabras que narraban las experiencias de la vida en el Bronx, desde el disfrute, la violencia en las calles, hasta la búsqueda de esperanza y escape.

Paralelamente, mientras las *gangs* (pandillas) se juntaban en la urbanización, el Hip Hop como cultura se desarrollaba más allá de la música, en el arte, grafiti, breakdance y la moda callejera. Según Tijoux (2012) estos elementos se entrelazaban para formar una identidad cultural única que representaba la creatividad, el ingenio y la resistencia de las comunidades urbanas marginadas.

El Bronx, a pesar de sus desafíos socioeconómicos, se convirtió en el epicentro de una revolución musical y cultural que trascendería fronteras. Biaggini (2020) destaca cómo el Hip Hop como cultura, y el rap como su estandarte, se convirtieron en una fuerza unificadora para las comunidades, ofreciendo un escape creativo y una forma de resistir y superar las dificultades cotidianas.

Los orígenes del Rap en el Bronx de los años setenta fueron producto de la creatividad, adversidad y la necesidad de expresión. Estos movimientos musicales no sólo transformaron la escena musical, sino que también se convirtieron en símbolos de identidad, entretenimiento y empoderamiento para generaciones venideras en todo el mundo.

El impacto del Rap en la Industria Cultural

El Rap en su evolución, desde ser un movimiento marginal hasta un fenómeno cultural global, ha alcanzado un dominio significativo en la industria cultural y económica. El género musical, surgido de comunidades con situaciones socioeconómicas complejas en Estados Unidos, se ha convertido en un poderoso motor que impulsa no solo la industria musical, sino también la moda, el entretenimiento y la economía creativa en general.

El Rap ha generado una industria multimillonaria a nivel global, desde las producciones musicales, giras de conciertos y festivales, hasta la moda urbana y mercadotecnia de otros productos y servicios que utilizan al rap como una forma de atraer a las audiencias, generando ingresos masivos, erigiéndose como un pilar importante en la economía cultural contemporánea.

Por ejemplo, la influencia del Rap en la moda es especialmente notable, y podemos constatar cómo sus artistas a través de la historia, se han convertido en íconos de estilo, influenciando tendencias en ropa, calzado y accesorios, colaborando con marcas de renombre para crear líneas de ropa que se venden a nivel internacional. Adidas, Nike, Lacoste, Apple, son algunas de las empresas multinacionales que forman parte de una mercadotecnia global entorno a la cultura del Rap.

Con datos obtenidos de Global Growth Insights (2024) se estima que el mercado de la moda urbana generó alrededor de 192.3 billones de dólares en ventas globales en 2023, con colaboraciones entre artistas y marcas de moda que han impulsado el consumo y la demanda. Además, la industria del entretenimiento ha sido transformada por el impacto del Rap, siendo una cultura reflejada en otros sectores culturales, tanto en películas como en programas de televisión y videojuegos, donde se integra la música y la cultura en sus contenidos, atrayendo a audiencias más amplias y generando más ingresos sustanciales.

En términos de impacto económico, el Rap también ha generado múltiples oportunidades laborales y empresariales. Autores como Olvera (2016) destacan cómo la industria musical y sus sectores afines, como la producción, la gestión de eventos y la promoción, han creado empleo e impulsado la economía en muchas comunidades.

Para 2020, el género se mantenía como uno de los más populares a nivel global, representando el 11.5% del total de reproducciones y ventas a nivel mundial en la industria de la música grabada, generando ingresos por más de 4.000 millones de dólares. (IFPI, 2021). Actualmente, el Rap se encuentra dentro de los cinco géneros musicales con mayor consumo en el mundo (Pelegrin, 2024). A través de una encuesta realizada por la plataforma Statista Global Consumer Survey de 21,683 oyentes digitales pertenecientes a países del primer mundo y en vías del desarrollo, el rap consiguió un 33.2% del consumo del total encuestado, siendo los países con mayor impacto Estados Unidos, México y Brasil.

En ese sentido, la industria del entretenimiento ha sido transformada por el impacto del Rap. Datos de la Motion Picture Association (MPA, 2021) indicaban que el rubro de películas, programas de televisión y videojuegos que incorporan la música y la cultura del Rap ha experimentado un aumento en la audiencia y en los ingresos, alcanzando más de 170 mil millones de dólares en ingresos globales en 2020.

En datos más recientes, Mitchell (2023) establecía que el ingreso anual de productos mediáticos relacionados a la cultura Hip Hop en 2022, fue de 2.78 billones de dólares. Un 26.8% del ingreso anual del consumo mediático musical. Demostrando el impacto económico y social que la cultura del Rap despliega a nivel internacional.

La llegada del Rap a México y su desarrollo como manifiesto cultural.

La llegada del Rap a México representa un hito en la historia musical y cultural del país, marcando un punto de inflexión en la escena musical urbana y dando lugar a la expresión de identidades y realidades sociales a través de un nuevo lenguaje artístico, a través de la influencia de la música estadounidense y la cultura Hip Hop.

A pesar de que las aproximaciones desde la investigación formal han sido insuficientes y su evolución paulatina, existe aprobación generalizada cuando se detalla que los antecedentes del Rap, como objeto de estudio y género musical en el país, están unidos cercanamente con su impacto en Estados Unidos, y que fue en la mitad de la década de 1980, que se expandió y tuvo cierta incidencia significativa en la cultura juvenil mexicana. Canciones, moda y otros aspectos conectados con la cultura Hip-Hop, arribaron, especialmente desde la frontera norte, de la mano de artistas precursores como Grandmaster Flash y Master Genious, entre otros, que se propagaron a través de grabaciones, pero también de algunos programas de televisión (A todo dar, canal 13), películas y radio, para ir sentando las bases de una nueva tendencia en México.

En conexión con eso, Almazán, en su texto "Viviendo Hip Hop" plantea el siguiente contexto:

> La cultura Hip Hop no arribó a México como un conjunto, si no con sus elementos por separado. Si bien el Rap mexicano tiene relación con el break y el graffiti, no surgieron al mismo tiempo, debido a que mientras películas como Wild Style, Beat Street, Flash Dance y Breakin, a principios y mediados de los ochenta llegaban tanto a México como a todo el mundo, mostrando sobre todo lo del Break Dance y en menor medida el rapeo y el graffiti. A México llegaban a través de la radio las primeras canciones de Rap como: Funk You Up de The Secuence, The Message de Grand Master Flash & The Furious Five y Let's Break de Master Genius (Almazán 2019: p.66).

En ese entramado cultural, el Rap estadounidense estimuló el nacimiento de un movimiento local, en el que progresivamente, la juventud de México se adentró a la escritura y rapeo de sus vivencias personales, abordando temáticas que iban desde la desigualdad social, acontecimientos del barrio, violencia, luchas por sus derechos hasta el disfrute, la fiesta, amor, entre otros.

Hay evidencia de uno de los primeros registros de Rap del país, el grupo "Sindicato del terror" quienes en la mitad de la década de los ochenta emprendieron su carrera musical, obteniendo soporte de una televisora que los colocó como pioneros en una nueva masificación del

Rap, al grabar la canción "SDT", que a inicios de los años noventa fue el tema musical con mayor expansión, favoreciendo a que el género musical emprendiera su crecimiento en México. Al respecto, García (2015) analiza que las expresiones originarias en el entorno mexicano, se encontraban en las calles, en los barrios pobres del país, con particular fuerza en ciudades de la frontera norte y capitales grandes en donde la juventud comenzó a explorar con rimas, beats y grafiti, elementos particulares de la cultura Hip Hop.

El asentamiento de la técnica de rapear en el país derivó directamente de lo que se realizaba en Estados Unidos; no obstante, esa influencia, se complementó encontrando un conducto con sentido único para la construcción de identidad y expresión del entorno urbano mexicano. Martínez (2017), detalla que las nacientes letras del Rap, se enfocaban en temas sobre la vida cotidiana de la juventud en los barrios, la carencia de oportunidades de crecimiento, la violencia y la superación, enlazando el rap con sus realidades usuales.

En el proceso de afianzamiento del Rap mexicano, germinaron grupos y solistas que impulsaron considerablemente el desarrollo, precursores cuyas líricas y estilos musicales fueron descubiertos por los oyentes; al respecto, existe evidencia de que en ese avance también hubo otros artistas como Speed Fire, 4to Del Tren, V.L.P., Nasty Style, entre otros, que, si bien no obtuvieron popularidad significativa, aportaron para los inicios de una escena más afianzada en el país.

Con el avance de la década de los noventa, con un poco más de organización y difusión, encontramos artistas significativos, con mayor o menor fama, pero que desplegaron estilos nuevos y prolongaron el esparcimiento del Rap en el país, nombres como: Los Vándalos, Caló, Elote El Bárbaro, 69 lokos, Yostailingo, Cabezas Muertas, Vagabundos Underground, Controversia Funk, Sociedad café, Gente loca, La Otra Escoria, Cartel Aztlán, Crimen Urbano, Akil Ammar, Control machete, Chicalangos, entre otros que colocaron las bases para un movimiento del género musical con mayor expansión y masificación, como el que actualmente se desarrolla en México.

En resumen, el arribo del Rap a México acarreó las primeras expresiones de la cultura Hip Hop, otorgando voz a situaciones y circunstancias complejas de la juventud urbana. Con el avance del tiempo y numerosos artistas de distintas partes del país, este movimiento cultural ha ido progresando, creciendo, profesionalizándose vertiginosamente, a la par que muestra una parte significativa de las identidades, favoreciendo a la diversidad, la riqueza de la música y cultura mexicana. Según García (2015), conforme el rap se enraizaba en México, los artistas obtuvieron esa orientación fundamental que describía sus realidades, en español, pudiendo abordar desde problemáticas socioeconómicas y políticas, hasta sus estilos de ver y vivir la vida.

Lo anterior derivó en propuestas discursivas de todo tipo dentro del género, desde las más politizadas, hasta otras que gradualmente han encontrado espacio en el imaginario colectivo, la fiesta, amistad, familia, amor, sexo, relaciones en pareja, etc. Lo anterior ha llevado a que el rap en México sea diverso, en cuanto a estilo, discursos y estéticas, manteniendo su identidad única mientras absorbe influencias externas. Las diferencias en temáticas líricas, estilos musicales y compromiso social destacan la riqueza y complejidad del rap mexicano como una forma de expresión cultural arraigada en la identidad y las realidades de México.

Nacimiento y desarrollo del Rap en Sinaloa

En el panorama de la industria cultural en México, el estado de Sinaloa emerge como un epicentro no sólo en la creación de sonidos patrimoniales como la música de Banda Sinaloense, sino también en otros géneros como el Rap dentro de la cultura Hip Hop; en ese sentido, se ha cultivado una escena notable que ha ganado reconocimiento por sus contribuciones a la expansión nacional. A medida que el género celebra sus raíces y evolución en todo el mundo, la peculiar fusión de la identidad sinaloense con la expresión artística del Rap, ha generado un fenómeno cultural único y en constante crecimiento en la región.

Desde los barrios urbanos hasta los escenarios de renombre, el Rap en Sinaloa no sólo ofrece un escape creativo, sino que también sirven como un reflejo provocativo de las realidades sociales, económicas y culturales que moldean la vida en esta vibrante parte del país. En lo sucesivo, exploraremos esos factores que adoptan las y los sinaloenses que se adentran al mundo del rap, esas condiciones históricas y socioculturales relacionadas con su entorno, que moldean la construcción de su camino dentro del mundo del Rap.

Según Mendieta (2019) la emergencia de la configuración cultural del Hip Hop en las juventudes sinaloenses responde a diversos procesos socioculturales que van desde lo material hasta lo simbólico, partiendo desde una articulación de necesidades políticas y de reafirmación identitaria, hasta una construcción juvenil de la realidad distinta a las que plantean las hegemonías establecidas por los aparatos ideológicos de estado.

De esta manera, el autor señala que la adopción y difusión de la cultura del Hip Hop y la música Rap entre la juventud sinaloense no es simplemente un fenómeno superficial o de moda, sino que está arraigado en una serie de procesos socioculturales complejos. Estos abarcan desde aspectos tangibles y materiales hasta aspectos más abstractos y simbólicos, como una respuesta a las necesidades políticas y de afirmación de identidad de las y los jóvenes en Sinaloa. Es una forma de expresión que les permite canalizar sus preocupaciones, frustraciones, sus formas de divertirse, y aspiraciones en un contexto sociopolítico específico.

Por otro lado, el Rap también representa una ruptura con las narrativas y las realidades impuestas por las estructuras de poder dominantes. En otras palabras, jóvenes sinaloenses encuentran en él una manera de construir su propia percepción de la realidad, una que difiere de la que está establecida mayoritariamente en el estado. En resumen, el Rap se convierte en una herramienta poderosa para la juventud sinaloense, permitiéndoles tanto afirmar su identidad como desafiar lo existente y construir nuevas formas de comprender y enfrentar su realidad social y cultural.

Al respecto de ese desarrollo, Toño Vizaiz, DJ de viniles, y uno de los precursores de la escena del Rap en el estado, aún activo, cuenta su vivencia en los albores del género en la región:

> Mis acercamientos a la música del rap fueron en el 86-87, pero fue hasta el 93, cuando tuve un discomóvil que me fui adentrando poco más, en ese tiempo que se usaba mucho el vinil y el casete, y cada 15 días había que ir a Guadalajara a comprar música para tocar en fiestas. Los discomóviles fueron relevantes porque vieron el nacimiento de la figura de los MC (maestros de ceremonias) eran ellos mismos, los DJ, que hablaban, dirigían y cantaban improvisando sobre alguna instrumental de una canción famosa, pero sólo en la fiesta sin grabar, porque no había la cultura ni el equipamiento.
>
> Lo anterior, fueron los primeros indicios de la llegada del Rap, por ahí del 97-98, de la mano del CD con la fidelidad digital, pero en Mazatlán, por ejemplo, era muy complicado escucharlo, porque lo privilegiado era la banda sinaloense. En ese tiempo la única manera de escuchar Rap era con la llegada de discos compactos que traían quienes tenían familiares en la frontera con Estados Unidos, o en MTV, pero casi nadie tenía, nomás los ricos tenían cablevisión, así poco a poco se fue escuchando toda la raza de la vieja escuela tipo Run DMC, fue así que en el 93, un amigo me trajo unos VHS con videos de Cypress Hill y Wu-tang Clan. Así fue comenzando todo, y fueron apareciendo los grupos pioneros, ya grabando, muchas veces sobre instrumentales de artistas ya famosos, pero ya comenzó a haber registro de letras de raperos en Sinaloa". (A. Vizaiz, entrevista personal, abril de 2024).

Los grupos y solistas de Rap han construido su presencia en Sinaloa desde la década de los noventa, con grupos pioneros como Los Vándalos de Guasave, 69 Lokos en Mazatlán, Elote el Bárbaro en Los Mochis, Los Bazookos de Culiacán, quienes sentaron las bases para constituir la vieja escuela del movimiento, en la que resuenan otros nombres que continuaron el desarrollo como Los Sinalokos Tropa, Tribu Mala, Big Fuster, Tamal Squad, Big Flow Familia, TDK, Estilo Callejero, Wazatlan Connection, Smoky, Tren C, Loco Crimen, entre muchos otros, que comenzaron a abrir espacios destinados para la expresión de esta cultura juvenil, realizando eventos para la presentación de sus proyectos musicales.

Algunos de los proyectos musicales iniciales han permanecido activos en la industria del Rap y las presentaciones culturales; gradualmente, tanto la participación como la socialización y aceptación del género ha ido en aumento, y en ocasiones se han realizado enlaces entre el gobierno y el movimiento, que abonan a la continuación del nicho del Rap en el estado. Un ejemplo de esto, fue el concierto de "50 aniversario Rap en las venas" donde se celebraron los cincuenta años del Hip Hop, con exponentes de diversas ciudades del estado y MC Luka como invitado nacional, en el marco del programa Ecos del Festival Cultural Sinaloa 2023, gestionado por el rapero Bazooko Bojórquez en conjunto con el Instituto Sinaloense de Cultura.

No obstante, aunque la conmemoración del Rap en Sinaloa durante estos eventos sea una expresión de júbilo y armonía por el género, el crecimiento, profesionalización y aceptación social avanza gradualmente en la integración en la cultura del sinaloense, encontrando su espacio y voz como expresión contemporánea dentro del contexto cultural particular del estado.

Así, el Rap en Sinaloa ha transitado por múltiples facetas de desarrollo que han contribuido a su posicionamiento actual, como un género musical que se expande y se fideliza como una expresión cultural importante en la región. De lo anterior surge la importancia de estudiarlo y robustecer su conocimiento; por lo tanto, en los siguientes apartados abordaremos cuestiones importantes sobre la actualidad y desarrollo de raperas y raperos dentro de la cultura del Rap sinaloense.

Las mujeres en el Rap mexicano y sinaloense.

Como hemos descrito, el Rap mexicano ha crecido significativamente en las últimas décadas, convirtiéndose en un sector fundamental para las expresiones culturales. No obstante, a pesar de este apogeo, la presencia histórica de mujeres en este género ha sido limitada. Entre otros factores, se podría atribuir a que se trata de una escena musical que ha sido históricamente dominada por hombres, lo que ha resultado en un entorno en el que las artistas femeninas que deciden incursionar enfrentan diversas complejidades.

Una de las importantes razones detrás de la presencia y ascenso limitado de mujeres en el Rap mexicano se vincula con las normas de género naturalizadas en la sociedad, es decir que las expectativas culturales en torno al Rap, se asocian con lo masculino, dejando a la presencia femenina con mayores dificultades para acceder a espacios en los que se desarrolla una carrera artística.

La falta de apoyo, acoso, prejuicios, estereotipos, reducción a roles secundarios y la carencia de redes de soporte, son aspectos complejos que se suman a las dificultades de profesionalizar una carrera para las mujeres. En el ámbito sinaloense, la situación es similar en un territorio que continúa siendo generalmente exclusivo para hombres; sin embargo, a la par de lo que sucede en el país, gradualmente comienza a haber más figuras femeninas. Sueña, rapera de Culiacán describe su implicación al respecto:

> Como mujer, vivir la escena del Rap en Culiacán ha sido aprender que no todas las que llegan se quedan, a relacionarme más con hombres que con mujeres, porque la escena ha sido desde siempre dominada por los hombres, también como mujer pertenecer a la escena del Rap es un orgullo sabiendo que somos pocas las que nos dedicamos a esto, esa lucha por la permanencia es importante, porque te llegas a desanimar con muchas actitudes de hombres la verdad, muchas veces me ha tocado que por el simple hecho de rapear se sienten atraídos y como que te empiezan a tratar con otra intención.
>
> Entonces ha sido eso, que te busquen por ser mujer y no por tu talento, pero, por otro lado, ser rapera en Culiacán implica romper con los esquemas, con todo lo que está normalizado aquí, pues los que siempre han estado en su mayoría son vatos y eso hace que dominen en la escena y sea más fácil que traigan la batuta, entonces si no les agradas o si no les seguiste el rollo para algo más, simplemente te hacen a un lado. (Sueña, entrevista personal, septiembre de 2023).

A pesar de la brecha de género en el Rap Mexicano y Sinaloense en particular, existe un crecimiento gradual de voces femeninas que están enriqueciendo la narrativa. Artistas están comenzando a organizarse, habilitando espacios de visibilidad y soporte mutuo. Proyectos de colectivos femeninos y eventos dedicados particularmente a artistas mujeres están naciendo como una respuesta a la necesidad de un género musical más inclusivo.

Este cambio gradual, no es únicamente crucial para la equidad de género en la música, sino que a su vez enriquece el Rap Mexicano en general y el sinaloense en particular, permitiendo nuevas visiones, más raperas y creativas en otras áreas que siguen siendo escasas (productoras y DJs por ejemplo), así como nuevos universos líricos que continúen robusteciendo la cultura.

CAPÍTULO 2. Artistas de Rap y sus procesos de creación musical

La relación entre artistas y la creación es fundamental para entender el impulso que lleva a una idea o sentimiento, a convertirse en un producto musical final; y es en esa transición, que suceden diversos aspectos creativos y técnicos que inician un proceso imprescindible para el sector, ya que ningún producto cultural desprendido de la industria de la música existiría sin la base fundamental de la composición (Zallo, 1988).

A continuación, realizaremos una descripción de algunas de las prácticas más comunes que realizan las y los artistas del género Rap en el estado de Sinaloa:

Los inicios: formación, instrumentación y aspectos técnicos relevantes.

Cuando las y los raperos deciden comenzar a componer, sea en modo solista o en una agrupación, se pone en marcha un proceso económico, social y comunicativo, cuyo objetivo es organizar y plasmar ideas, sentimientos, vivencias y más, en canciones que posteriormente puedan ser grabadas, mezcladas, masterizadas, distribuidas, quizá vendidas y ejecutadas en concierto; este desarrollo formativo incluye:

> acciones que se proyectarán dialécticamente hacia el futuro [...] con la finalidad de formar al profesional potenciando su talento para expresarse creativamente en el dominio artístico y en su actividad humana y ciudadana. Así, hemos de interpretar la intención de tratar procesalmente la formación artística: como avance dinámico del pensamiento y de la sensibilidad estética de una época, que marche en consonancia con la vida, con la realidad del presente y de la que se avizore como porvenir (Fernández Mayo, 2011, p. 33).

En relación con lo anterior y para un examen más completo de los diversos rasgos de los procesos productivos de quienes crean Rap, es preciso retroceder brevemente a las gestiones previas a la creación:

A diferencia de otros géneros musicales en los que generalmente existe una formación musical a través de clases particulares o una escuela formal, en el Rap es inusual que quien inicia tenga entre sus objetivos un curso o licenciatura en música, aspectos de instrumentación, equipo profesional, etc. El equipamiento que regularmente es suficiente para organizar sus ideas, se compone del blog de notas de su teléfono celular o la tradicional libreta de apuntes, unos beats[1] de referencia descargados de YouTube para rapear sobre ellos y en contadas ocasiones un micrófono de gama media o baja. Habitualmente, una vez con ese equipamiento básico para crear en solitario o en conjunto se activa una posible carrera en la cadena productiva de la música.

Evidentemente, las características descritas arriba son las más comunes en la actualidad, pero son posteriores a otras más rudimentarias que se popularizaron con los inicios del Rap en México, como registrar y empalmar reiterada y cuidadosamente fragmentos de canciones famosas de artistas del movimiento, estadounidenses generalmente, desde grabadoras de casete para poder contar con una instrumental repetitiva pero lo suficientemente larga para rapear sobre ella.

En cuanto esa preparación técnica y creativa, dependiendo la época, existen diversas experiencias y tendencias funcionales para ampliar nuestra perspectiva sobre el Rap sinaloense y sus características. Por ejemplo: Elote el Bárbaro, uno de los pioneros del Rap en el estado que inició a finales de los ochenta en Los Mochis, describe ese momento de partida en que las especificaciones técnicas y de creación operaban de manera básica de acuerdo con las condiciones tecnológicas existentes:

> Estamos hablando de una época en donde no había tecnología, realmente el Rap en Estados Unidos apenas se podía hacer profesionalmente con secuenciadores, me refiero a los artistas que estaban pegando en ese momento, había que realizarlo a través de un aparato de producción: grupo de personas y equipo técnico que costaba una lana; entonces, si ellos la tenían difícil uno la tenía más.

1. Nombre anglosajón con el que se conoce a las pistas instrumentales sobre las que se posiciona la voz.

> Entonces lo que yo hacía es que me encontraba alguna cinta de Rap que tenía un pedacito de música al final, y en grabadoras de doble casetera nada más hacía el pegado, el looping2, pero mal hecho porque no había ni la técnica, ni el conocimiento, ni el timing. Pues fue como aprender empíricamente como los cocineros antes de que existieran las escuelas de cocina, pues era a feeling.
>
> Así, yo siendo un adolescente y sin experiencia comencé a hacer canciones muy superficiales, no lo veía como música sino con el fin de divertirme, porque me llamaba, me entretenía, me motivaba. (Elote, entrevista personal, octubre de 2023).

Asimismo, Kevin, del dueto Overtime Fam (Mazatlán) nos relata sobre su experiencia que inició en 2008 y los primeros acercamientos al género:

> En un inicio nos llamó la atención el Rap por influencias, de tíos en ambos casos, que escuchaban artistas como: Tego Calderón, Akwid, Cartel de Santa, Vico C, etc. Eso nos motivó a tratar de escribir solo versos cortos en nuestros cuadernos, frases, palabras, consonantes y a jugar a ver quién encontraba más rápido la manera de rimar una palabra con otra, así sin saberlo empezamos poco a poco a improvisar en la sala de casa lo que pasaba al momento, con risas, burlas, apodos, chistes entre amigos, queriendo grabar notas de voz en el celular con el motivo sólo de recordar y volver a reírnos de nuestras locuras de esos días.
>
> Así nació la idea de crear nuestros primeros temas y buscar la manera de hacer música, en una laptop conectábamos un micrófono para pc tipo popote para iniciar a grabar, utilizando beats de YouTube, Ares, HHgroups, y plataformas que en ese tiempo estaban al alcance y podías conseguir gratuitamente para iniciar tu proyecto. Nuestras maquetas eran sucias en cuanto a audio, puesto que era normal para ser dos novatos iniciando en esto, pero poco a poco fue cambiando en cuanto a calidad, con consejos de conocidos que ya tenían un poco más de experiencia musical que nosotros, comprando así aparatos más eficientes para poder grabarnos (Kevin, entrevista personal, octubre de 2023).

2. *Looping* es la acción que viene del término *loop*, un anglicismo, bucle en español, que en música consiste en uno o varios *samples* sincronizados que ocupan generalmente uno o más compases musicales exactos y son grabados o reproducidos, enlazados en secuencia una vez tras otra dando sensación de continuidad.

Con lo anterior podemos observar la tendencia de que quien se acerca al Rap, muy probablemente, al menos en un inicio, lo hace como algo informal, como entretenimiento, sin un enfoque profesionalizante ni conocimientos musicales formales, solo con la necesidad de expresarse a través de las herramientas disponibles según su realidad socioeconómica.

De ensayos, procesos, y locaciones.

Una vez con el equipamiento necesario y las ideas estructuradas de lo que se planea plasmar en una canción, el ensayo es fundamental como fase previa a la grabación para un mejor resultado y optimización de los tiempos en el estudio.

A diferencia de las agrupaciones de otros géneros musicales que requieren mayor equipamiento previo (instrumentos, amplificación, microfonía y otros accesorios), así como salas de ensayo o espacios personales adaptados para una mejor acústica, quienes crean Rap usualmente componen, escriben y cantan individualmente utilizando recursos mínimos, permitiéndoles facilidad en la toma de decisiones al no tener que organizar un grupo de trabajo más amplio.

Asimismo, de manera más accesible, raperas y raperos se apropian de diversos espacios para practicar sus rimas (en su casa, parque, cualquier espacio con insonorización mínima, etc.) sin incomodar por el volumen, utilizando un equipo básico de audífonos, blog de notas o libreta, algún micrófono en ocasiones, y la reproducción de la instrumental en su teléfono celular.

Al respecto, Sio Noriega, mazatleca que inició en 2020 en el universo del Rap, nos indica su proceso personal de preparación y ensayo previo a la grabación de algún material:

> Antes de hacer una canción, yo primero busco un beat, no importa tanto el estilo que sea mientras me guste, y ya sobre eso empiezo a escribir junto con amigos para poder tener más ideas, ahí mismo surge de lo que se tratará, y

> ya con eso viene la ensayada para que se escuche más fluido todo y ver qué detalles podemos agregar como cambios en la canción para que no se escuche tan plano todo.
>
> El ensayo es clave para poder interpretar la canción, sea el tema que sea, para que cuando llegue el día de la grabación no se escuche como algo que acabas de leer en ese momento. Yo en mi caso, uso el beat que tomé como referencia, y ensayo en mi casa o en el estudio, o en las dos para tener más seguridad.
>
> En mi casa tengo una bocina chiquita LG que me costó 3.500 y un micrófono Shure que salió en 2.000 pesos, ya con eso aquí me pongo a practicar, conecto mi beat, vocalizo un poquito, veo que flowsito le puedo meter y listo (Sio, entrevista personal, septiembre de 2023).

Las variantes de la preparación y ensayo fluctúan dependiendo el proyecto y sus necesidades, o realidades socioeconómicas que los atraviesen, en el caso de Sueña, rapera de Culiacán desde 2007, las particularidades son las siguientes:

> Yo antes utilizaba mucho los beats de YouTube, pero de un tiempo para acá quise empezar a hacer mi proyecto más profesional y comencé a comprarlos, y así procuro siempre tenerlos, escucharlos, entenderlos y ver de qué se me antoja hablar con ellos, ver qué es lo que me provocan, esa es una manera. Así escribo la canción sobre el beat, y para aprendérmela, siempre procuro ensayarla un chingo antes de ir a grabarla, porque no me gusta llegar sin tener el sentido de qué flow voy a utilizar o dónde tendré que detenerme para agarrar aire y eso, entonces yo la ensayo mucho.
>
> Por lo general, yo escribo a mano en una libreta y después de eso, ya que me gustó, lo paso a Word ya que ahí es más fácil pulirla si se requiere, para ir viendo la estructura de mi canción, de las letras... y pues es repetir una y otra vez el beat, estar rapeando la canción muchas veces, seguido me grabo con el celular, me mando un audio a mí misma rapeando la rola y esa es la manera en la que yo me la aprendo. (Sueña, entrevista personal, septiembre de 2023).

Como observamos, enmarcadas en el contexto social, existen diversas vías para la organización y ejecución del proceso de ensayo; estas dependen de la interacción de cada proyecto y, por supuesto, de las condicionantes sociales de cada uno de los actores que participan de estas interacciones (Megías y Rodríguez, 2002, p. 12).

Instrumentales y preparación de un sencillo o álbum.

En este espacio abordaremos algunas reflexiones sobre las actividades previas a la grabación de un producto sonoro finalizado, el cual Pérez-Colman (2015) adecuadamente representa como:

> Un lugar de encuentro de diversos campos de actividad musical. Como tal, hará intervenir toda una serie de mediaciones entre la producción y el consumo, aparte de los músicos, audiencias y editores musicales. Y será, por otro lado, una materialización de ese encuentro, su objetivación: en él oímos no sólo a los músicos y sus instrumentos, cómo tocan y cantan, y qué han oído antes que desemboque en eso que cantan y tocan, sino que oímos a los productores discográficos y los ingenieros de sonidos, cómo graban y cómo mezclan el sonido de la música, oímos además la misma historia del campo, esa dispersión y proliferación de unos sonidos, la manera en que se incorporan sensibilidades musicales y afectivas (p. 116).

Es precisamente con el equipamiento inicial básico y el ensayo, que se van estructurando las composiciones que se materializarán en lo descrito arriba, ya sea en forma de Single (sencillo) o una serie de canciones que son consideradas para un álbum posterior, sea un *EP* de entre 25-30 minutos o un *LP* de 8-12 canciones que suele tener una duración de 40-80 minutos. En este proceso de ajustes, de pre-producción, raperas y raperos que deciden grabar sus composiciones, funcionan de diversas maneras al preparar su material.

En cuanto a las instrumentales, con el aumento y accesibilidad de las nuevas tecnologías destinadas a la creación musical, especialmente en las últimas décadas, las herramientas para la creación de beats originales se han expandido permitiendo que la figura del beatmaker, creador(a) de instrumentales, tenga mayor presencia en la cultura Hip Hop nacional.

No obstante, aún existe una cantidad considerable de artistas de Rap que utilizan las referencias descargadas de YouTube no solo para ensayar o como ejemplo, sino como el archivo final en el que graban sus ideas, ya sea por falta de recursos económicos para comprar un beat original, por desconocimiento de las afectaciones que eso podría acarrear en cuanto a derechos de autor, entre otras.

Al respecto Mr. Blaky, rapero mazatleco, comparte:

> En mi experiencia, aunque es poco a poco menos común, hay todavía muchas personas que cuando comienzan en el Rap, utilizan los beats bajados de YouTube para grabar, es como una especie de iniciación, ya sea porque no conocen a mucha gente del medio, o no tienen dinero para comprar una instrumental original, por las razones que sea, pero es común que eso sea como un punto de partida, a pesar de que es contenido que tiene problemas de derechos de autor desde un inicio, y así el tema de la monetización será muy complicado.
>
> Pero también hay muchas herramientas para la creación de beats, muchos programas, gratuitos y con librerías de sonidos muy extensas, con todo lo necesario para armar algo, y también es cada vez más común que la raza empiece a hacer sus pistas, ya que no requiere mucha preparación técnica, al menos no en un inicio, es más de saberle al programa y de tener buen oído, por esas razones es que hay mucho beatmaker que no tiene conocimientos musicales, no saben de notas, acordes, ni teoría musical, es muy común en el rap, pero eso no quiere decir que no puedan hacer buenas creaciones, evidentemente no tan completas, musicalmente, como alguien que estudió música, toca el piano bien y otros instrumentos, pero cumplen con la función (Mr. Blaky, entrevista personal, septiembre de 2023).

En Sinaloa, los precios de las instrumentales, suelen variar dependiendo quién los realice, y oscilan aproximadamente entre 300 y 2.000 pesos mexicanos, iniciando por los más básicos, para principiante con una estructura repetitiva e instrumentación limitada, hasta los que ofertan con mayor complejidad y matices musicales más completos, realizados por personas con mayores conocimientos de música. En cuanto a algunos de los aspectos técnicos del proceso, Nhas, productor y beatmaker de Mazatlán, reconocido por su amplia trayectoria en el Rap, profundiza:

> Si se está creando de la nada para un MC, se trata de iniciar buscando el tono en el que se va a trabajar, el sample o la escala musical a utilizar, posteriormente desarrollar la idea en cuanto al tiempo, en qué tiempos va a estar, los compases, si es cuatro cuartos, etc. y pues, obviamente si estamos hablando de Rap el tiempo suele oscilar desde 80 hasta 120 BPM aproximadamente, muy importante, pues esto va a determinar el ritmo de tu canción. Luego, se hace uso de tecnología de software para empezar a crear las bases percutivas, el acompañamiento del bajo, obviamente tomando en cuenta la escala sugerida por el productor, respetándola, o el sampleo a utilizar, para evitar que haya choques y suene lo más limpio posible.

Después, se procede a crear la maqueta de la base musical, para presentarla al MC y éste tenga la oportunidad de ensayar, o si ya se tiene una letra, que se pueda acomodar al tema, pues adecuarla para que las barras y los compases converjan y puedan sonar de la manera correcta a la hora que se reproduzca el tema (Nhas, entrevista personal, octubre de 2023).

Por un lado, existen quienes no se toman el tiempo de estructurar y ensayar sus composiciones y registran directamente, sobre la marcha, ya sea con su equipo o en un estudio; por el otro, hay quienes añaden la maquetación, un paso extra en el que se graban demos de audio, una especie de borradores en la que se desarrollan ideas que podrían funcionar para el arreglo de las canciones y la grabación final (estructuras, melodías, rimas, etc). Mr. Blaky, representa el proceso de la siguiente manera:

Una vez teniendo lo básico: la letra escrita, el beat seleccionado, quizá una bocina y micrófono, tienes lo necesario para crear e ir estructurando la canción, pues comienzas a decidir cosas, si iniciar por el coro, o con los versos, en qué momentos va una u otra cosa, etc. Todo eso evidentemente se da a través de un proceso de ensayo que se repite una y otra vez hasta que todo esté bien acomodado.

Yo hago todo eso de distintas maneras, ya sea en el estudio con más equipamiento, en la sala de mi casa sin micro y con el beat sonando en mis audiófonos o en el sonido de la camioneta, lo que sí es que una vez teniendo todas las líneas bien cuadradas con el beat, el flow que se le dará, los cambios de estilo, los coros bien afinados y en su lugar, entre otras decisiones, procedo a pensar en la grabación, ya que todo está en orden y bien practicado, antes no, porque me gusta que todo suene genial y no perder tiempo en el estudio, porque pues tiempo es dinero, siempre.

Entonces, ese es el proceso para un sencillo, toda la preparación previa para entrar al estudio a grabar, y cuando se trata de un EP o un álbum completo pues la preparación es la misma, canción por canción, solo que quizá como parte de un concepto general, de lo que tratará el material completo, pero el proceso, en mi caso, es igual, por partes, se prepara el tema y luego a grabar, y así con todos. (Mr. Blaky, entrevista personal, septiembre de 2023).

CAPÍTULO 3. Producción de un sencillo o álbum de Rap

A continuación, haremos una revisión sobre los diferentes procesos creativos y técnicos que se desarrollan en la construcción oficial de un material musical, y sobre cómo las raperas y raperos sinaloenses se aproximan a esas dinámicas.

El productor musical.

La figura del productor musical en el Rap sinaloense es uno de los eslabones esenciales a la hora de elaborar una canción o un álbum, pues se encarga de las tareas de ejecución técnica para que un tema musical se termine con la mayor calidad posible, atravesando diversas fases de construcción en la que "los sujetos mismos tienen un papel que desempeñar (reconocimiento, aceptación, rechazo, comparación, modificación); esto toma partes específicas en el área de las prácticas culturales" (Fernández, 2013:169).

En ese contexto, la producción se desarrolla a lo largo de heterogéneas labores de control para que se dé la terminación efectiva de un material musical, representando una mirada extra que puede identificar los posibles vicios de artistas y proponer ideas para un trabajo más completo. Sobre esa asignación Martinelli (2015) señala que:

> Es de vital importancia a la hora de grabar un disco y su desempeño puede tener un impacto fundamental en el destino de la obra. Es importante entender que, aunque los músicos sean virtuosos en la ejecución de su instrumento o, aunque el grupo cuente con un compositor avezado, nada de eso garantiza que la experiencia en el estudio de grabación sea satisfactoria. Grabar una pieza musical requiere de una serie de conocimientos que trascienden lo específicamente musical e involucra saberes múltiples: técnicos, administrativos, organizacionales e, incluso, la capacidad de sacar lo mejor de un ser humano, tanto en términos artísticos como anímicos, para guiar el proyecto a buen destino (166).

En ese marco de referencia, en el Rap sinaloense, Espi, uno de los casos más relevantes de la escena del estado, quien ha participado como productor en el éxito masivo de canciones como "Cuidando el territorio" de Beto Sierra, Calibre 50 y Santa Fe Klan, hace énfasis en la relevancia de la relación productor-artista:

> La importancia de un productor es que el artista se sienta confiado contigo, de que no nomás le dejes la ideas a él y también aportes, y hacer un trabajo en equipo, crear una conexión para trabajar y que haya esa chispa en la producción (Espi, entrevista personal, octubre de 2023).

Con lo anterior, podemos resumir que a la par de las actividades técnicas, quien produce ejecuta una función de mediador cultural al materializar un producto musical encauzado al consumo popular, de la mano del variado plan de acción de raperas y raperos sinaloenses; en ese sentido, Nhas, dj y productor mazatleco, con amplia experiencia en el género, complementa sobre la importancia del trabajo de producción:

> No cabe duda de que a través de los años el productor ha jugado un papel muy importante, aunque en sus inicios no necesariamente se contaba con conocimiento musical amplio. No todo el tiempo hubo la oportunidad de contar con ciertos avances tecnológicos, por ejemplo, en un principio el sampleo, el software para la realización de los temas musicales, eran y son equipamientos muy caros que a la vez forman parte esencial de esta actividad, es una base muy importante y en Sinaloa se cuenta con muy buenos productores en este momento, por mencionar algunos están el KSPR, MK, Jay el del teclado, entre otros productores vigentes. (Nhas, entrevista personal, octubre de 2023).

Evidentemente, como iremos desarrollando en los siguientes apartados, existen diversos caminos para construir música, dependiendo de las necesidades de cada proyecto; sin embargo, para la realización de un material sonoro de calidad, es imprescindible la producción, compuesta específicamente por tres facetas principales: preproducción, producción y postproducción.

Preproducción: el inicio del producto musical.

El Rap como producto cultural, de la misma manera que en otros géneros musicales, está destinado al mercado, inserto en la lógica capitalista desde su planeación hasta la finalización de una creación sonora, en ese sentido Garoffalo y Chapple (1977) apuntaban que:

> Sea en forma de disco, de entrada para un concierto, el rock siempre resultó un producto empaquetado que se compra y se vende como cualquier otro producto de consumo, sean películas o zapatos. El manejo de la música como producto comercial se llevó a cabo dentro de los parámetros de la estructura capitalista, primero en manos de emprendedores creativos y pequeñas compañías, y luego por conglomerados estratificados y monopolios corporativos (p. 300).

Al respecto, aunque los autores se refieren al Rock, la conclusión es acertada también para el Rap, puesto que la gran mayoría que crea música, la distribuye en plataformas digitales y promociona a través de redes sociales con el fin último de que sea consumida por fans potenciales, ya se encuentra inmersa en este proceso de compraventa que se pone en marcha, justo en la planificación y gestión de la fase de preproducción, cuya relevancia Nhas destaca: "primero que nada, para cualquier producción musical lo importante es tener primero la idea principal clara, en el Rap dependiendo lo que busque el MC, ya sea que busque el consejo, sonido o la experiencia del productor" (Nhas, entrevista personal, octubre de 2023).

Generalmente, en esa búsqueda que inicia con el acercamiento del artista al productor, o viceversa, la finalidad es ajustar los siguientes aspectos relacionados con los materiales a grabar:

- Revisión de las estructuras de la música; básicamente se hace una inspección de que todo esté en su lugar, ensayo, arreglos musicales, tempo, etc.
- Elección del estudio de grabación y productor teniendo en cuenta lo necesario a nivel técnico, y las posibilidades presupuestarias de cada artista, para obtener un balance entre calidad y precio.
- Fijación del orden de grabación de un tema o un álbum.

- Estudio y visualización del proceso de mezcla de lo que será grabado, proyectar si se llevará a cabo en en el mismo estudio o por otro productor, y analizar los alcances del presupuesto.
- Se establece cómo procederá el proceso de *mastering* de lo grabado; se elige en dónde se realizará y el presupuesto con el que se cuenta.
- Ordenación de la logística; todo lo relacionado con la preparación previa al estudio: transporte, equipo, uso y retirada del estudio.

Producción-grabación.

La producción-grabación de las voces, principalmente en el Rap, es uno de los aspectos más importantes del proceso porque un punto de partida bien hecho en el estudio, permitirá que todo lo demás fluya de la manera correcta, al respecto, Espi, menciona que en esa fase: "El productor se encarga de corregir errores al momento de una grabación, ya sea equivocaciones pronunciaciones de palabra, que no haya acercamientos, porque muchos saturan, en fin, tratar de realizar unas capturas buenas, cuidando todo tipo de detalles" (Espi, entrevista personal, octubre de 2023).

En este punto, colectivamente se realizan las siguientes acciones:

- Establecer un clima de trabajo ameno; las sesiones de grabación suelen largas y cansadas, por lo tanto, se intenta evitar conflictos que desequilibren el proyecto general.
- Fijar un orden de grabación de las canciones para una mejor organización.
- Elección de las herramientas para trabajar: accesorios como micrófonos, auriculares, técnicas de grabación y microfoneo adecuados al sonido del proyecto, entre otras.
- Preparar la guía instrumental para las voces y fijar volúmenes.

- Cuidar la limpieza de la captación y la ejecución de los instrumentos cuando existan[3] y voces, esto reduce la posibilidad de encontrar errores, ruidos o chasquidos molestos en los posteriores procesos.
- Cuidar los horarios preestablecidos con el estudio.

Postproducción: mezcla y máster para el producto musical final.

Una etapa fundamental en la postproducción es sin duda la mezcla (*Mix*), ahí se posicionan todas las tomas grabadas, de instrumentos o voces, *sampleos*, sobrevoces y más, asignándoles diversos volúmenes y posiciones en el espectro, dependiendo del concepto que tengan artista y/o el productor. En esta parte se utilizan, entre otros, ecualizadores, compresores, puertas de ruido, reverbs, afinadores, correctores de *pitch* o tono, *delays*, etc., que permitan alcanzar el sonido proyectado. La mezcla es de suma importancia y determinará la calidad del resultado final. Nhas, reflexiona al respecto de la siguiente manera:

> La mezcla consiste en posicionar cada uno de los elementos utilizados: percusión, bajo, melodía, armonía, voz, en la posición correcta, esto se logra mediante un esquema visual que te puede ayudar que se llama imagen estéreo, que es un punto central y se abre como un abanico donde aparecen ciertas frecuencias cruzadas por unos arcos, en donde tú estás escuchando ambos aspectos, izquierda y derecha para hacer el sonido estéreo, y dónde colocar ciertas partes; por ejemplo: el bajo siempre va al centro y en las zonas no muy arriba del rango dinámico del espectro estéreo, a mi me gusta colocar por ejemplo, si vamos a trabajar con dos tipos de guitarra, una lead y una melodía, colocar una de un lado y otra del otro, pero eso es una decisión muy particular para cada productor.

3. En el Rap es inusual que se integren instrumentos grabados en vivo, generalmente las instrumentales se crean a partir de bancos de sonidos ya integrados en softwares tipo FL Studio.

Una vez que el tema esté mezclado, que las frecuencias no están chocando, que el sonido no se eleva, a manera de saturación o distorsión, ya sientes que está el rango dinámico despejado, es buen momento para iniciar con un proceso de máster. (Nhas, entrevista personal, octubre de 2023).

Después de la realización de la mezcla, la masterización (*Mastering*), es el proceso final en cuanto a lo sonoro, se presentan una serie de compresores, limitadores y más aspectos que potencia la mezcla, con un sonido más robusto, con todos los elementos y frecuencias en su lugar. Espi reflexiona sobre dicha etapa de la siguiente manera: "El master es lo final, tengo que checar que todo esté sonando como me lo imaginé desde un principio, después me gusta que se escuche en diferentes lados, carro, celular, auriculares y si todo bien, entrego el formato WAV" (Espi, entrevista personal, octubre de 2023).

Habiendo descrito el camino de las instrumentales, preproducción, producción y postproducción desde la visión técnica de los productores, consideramos necesario ejemplificar el proceso desde la visión artística, por lo tanto, ahondaremos en la vía que transita Virusz, rapero de Navolato:

Aquí en Navolato, los estudios y todo lo que hay en cuanto a la música es de lleno enfocado al regional mexicano, entonces yo para producir algo lo realizo en la ciudad de Culiacán, y por lo general te puedo comentar que la mayoría somos artistas 100% independientes y pues cada quien tiene que costearse sus producciones, en algunos casos, hay raperos que se producen sus propios temas en sus home estudios, otros no sabemos hacer beats o pagamos un tiempo en un estudio con algún productor, en mi caso es lo que yo hago.

Para empezar, antes de ir a un estudio, yo macheteo todo mi tema, para tener algo bien sólido, bien ensayado, ya identificadas las pausas, dónde tomo aire, todo bien cuadradito, pensando en hacer el proceso de grabación lo más eficiente posible, me gusta machín aprovechar el tiempo de estudio, entonces ya que tengo mi tema definido, lo principal es encontrar el sonido, entonces voy con Salvado MX, mi productor, le propongo el tema, quizá ya traigo un demo o alguna base de referencia, algún sonido y sobre eso comenzamos a trabajar en el proceso creativo del beat, escuchando loops, samples, y el productor haciendo propuestas creativas.

Ya que se tiene el beat, pasamos al proceso de grabación, esto puede quedar en un día o al día siguiente. Para mí la grabación siempre ha sido un proceso

> rápido, por lo general yo traigo identificado dónde voy a meter una segunda voz, o cierto tipo de ruidos o palabras en específico, después de eso, sigue el proceso de mezcla, en ocasiones necesito estar en ese proceso, sobre todo cuando tengo ideas o efectos específicos que a lo mejor no encuentro bien las palabras para poder transmitírselas; otras veces pues confío en el talento del productor y él hace toda la mezcla, me la manda y si doy luz verde pasamos al masterizado.
>
> Ya que está todo bien masterizado, con los volúmenes a donde tiene que ir, me manda el máster y ya yo lo escucho en varias plataformas: auriculares, celular, en el sonido de algún carro, tratando de que todo esté bien definido, que se entienda bien, y ya que tenemos eso podemos dar por terminado el tema (Virusz, entrevista personal, octubre de 2023).

Una vez teniendo el producto musical final, se procede a la creación del arte para comunicar visualmente lo realizado, como etapa previa a la distribución en las diversas plataformas digitales.

Diseño del arte.

Un proceso esencial en la realización de un álbum o sencillo, radica en el concepto artístico de la portada complementarán la canción; en ese sentido, existen varias formas de hacerlo en el mundo de las y los raperos de Sinaloa: existen quienes realizan sus portadas personalmente, con conocimientos básicos de diseño gráfico y conceptualización a la hora de fusionar la música con lo visual. Asimismo, es cada vez más frecuente quienes hacen uso de la proliferación de herramientas proporcionadas por la inteligencia artificial, con las que es posible la realización automatizada de las portadas con tan solo definir ciertos parámetros.

En otra vía, se desenvuelven las y los raperos que conceptualizan el diseño del arte como un proceso clave que se relaciona con lo musical y se encuentra alineado con el concepto general del proyecto. En ese contexto, existen quienes deciden pagar a un(a) diseñador(a) especialista, un(a) director(a) de arte para el diseño de portada que acompañará el material sonoro.

Las tarifas de la creación son variables dependiendo del prestigio de quien diseñe, y la realización que va a necesitar el proyecto (horas de diseños, complejidad, concepto, capas, tratamiento fotográfico, etcétera). Christian Marrujo, director de arte, con más de una década de experiencia, nos brinda una aproximación a un tabulador de precios actuales por proyecto:

- Nivel principiante: el costo puede fluctuar entre 1500 y 3000 pesos mexicanos.
- Nivel intermedio: entre 7000 y 15,000 pesos mexicanos.
- Nivel avanzado (artistas con alto reconocimiento): de 25,000 pesos mexicanos en adelante. (Marrujo, entrevista personal, junio de 2024).

Asimismo, existen otras alternativas que se desarrollan fuera del esquema descrito anteriormente, y que no requieren una inversión económica muy alta o directa por parte de quienes crean Rap; por ejemplo, el trueque o intercambio con quien diseñe, en el que se acuerdan ciertos aspectos alrededor de esa colaboración; y otra, que consiste en la conformación de un equipo de trabajo, una sociedad de inversión mutua en la que se pacta un porcentaje de ganancias de regalías y otros ingresos para quien crea el arte, cuando se genere lo suficiente y que el proyecto sea autosustentable.

A la par, el auge de la inteligencia artificial en diversas ramas profesionales ha permitido que, sin costo, o con uno relativamente bajo, se generen artes para los sencillos o álbumes de manera automática con tan solo ajustar algunos parámetros para que el algoritmo desarrolle una o varias propuestas.

De la práctica, se desprenden algunos ejemplos de lo descrito arriba, desde procesos autogestivos económicos hasta de corte más profesional; para Big Neggy, rapero mazatleco, el tema del arte se simplifica de la siguiente manera: "casi siempre yo las edito mis portadas, las hago lo más sencillo que se pueda y así no gasto" (Big Neggy, entrevista personal, enero 2024). Mientras que Jair Torres, especialista en marketing y miembro del colectivo de rap mazatleco Doblea R Crew, detalla su proceso para concretar la portada de un álbum o sencillo:

> Normalmente se hace primero una sesión de fotos profesional en alguna locación (ya hecha o preparada). A eso le incluimos el vestuario, iluminación y maquillaje, además de solicitar el trabajo de un experto profesional en la materia para el resultado final. El costo aproximado es de 3,500 pesos mexicanos y a eso se le añade el de vestuario y utilería. (Jair Torres, entrevista personal, enero 2024).

Costos de la producción de la música Rap en Sinaloa.

Dentro del aspecto económico, existe una variación considerable sobre el proceso de producción de música, puesto que nos encontramos con al menos dos escenarios: uno en el que, de manera casera, en los llamados *home studios,* con equipamiento básico y calidad de audio que va de principiante a semi profesional, se realizan *beats* y grabaciones completas listas para ser distribuidas. Y otro en el que se finalizan productos sonoros en estudios semi o profesionales, con mayor inversión y equipamiento de mejor calidad para la grabación, mezcla y máster.

Evidentemente, no podríamos estandarizar los costos en un sector con prácticas tan variables, pero sí que podemos establecer ciertas tendencias que nos permiten rescatar aspectos claves en este rubro. En concreto, los precios de una producción varían dependiendo diversos factores como: el caché quien produce, si hay más personas involucradas en la ingeniería de audio, la popularidad y equipamiento de los estudios de grabación (software, microfonía, monitores, insonorización, equipo de cómputo, características del espacio, etc.).

Al respecto, Nhas, productor y director de Nhasty Studio, desarrolla sobre los siguientes aspectos:

> En mi opinión, para poder poner un costo a una producción musical, se tienen que tener en cuenta los siguientes aspectos: primero que nada la experiencia del productor, los años, los éxitos o temas realizados que trae en su portafolio; segundo, muy importante, si cuenta con las instalaciones, como el estudio, equipo de grabación, eso es muy importante; y tercero, los plugins,

todo lo que no es tangible, la parte del software, que esté reconocido con resultados positivos en el mercado de la producción. Si cumples esas tres características pues, eres candidato para poder adquirir una remuneración mayor comparada con otros productores que ofrecen el servicio.

Ojo, es muy importante también considerar que hay muchos productores que rentan el equipo, el espacio, por eso es que pongo en primer lugar los conocimientos, la experiencia y la capacidad que tiene el productor ante todo, porque eso es lo que te va a ayudar a tener una mejor remuneración por tus servicios, que en mi caso, por ejemplo, hay proyectos que salen desde quince a veinte mil pesos de mix y mastering, y lo más austero que puede llegar es como a seis mil, con el proceso que nosotros manejamos que es: captura, mix, máster, y scratches en algunas ocasiones. (Nhas, entrevista personal, enero de 2024).

Con relación a lo que estipula Nhas, en Culiacán, la capital de Sinaloa, el Salvado Mx, productor con más de una década de experiencia, describe el proceso desde su perspectiva con algunas coincidencias y divergencias, matices que merecen ser rescatados para analizar y complementar los aspectos relacionados con este rubro, veamos:

En la cuestión de la producción de Rap en Culiacán, particularmente en el que fuera mi estudio That´s Fire Music, en Culiacán, de 2011 a 2021 aproximadamente, empezamos con un estudio casero con precios muy accesibles, yo estaba cobrando alrededor de unos 600 pesos mexicanos, por grabación de voces, mezcla y máster. La mayoría de las veces los raperos ya traían un beat bajado de Youtube, y yo les cobraba eso, era una producción pues muy básica.

Posteriormente, ya que nos formalizamos un poco, elevamos un poco los costos, aunque de igual manera, aquí siempre ha sido un lugar en donde el rap no ha tenido muchos recursos como para invertir en la música, siempre los costos han sido bajos. Pero ya con un estudio un poco más formal, bien hecho y la calidad competitiva cobrábamos alrededor de mil pesos por una producción completa, eran precios bajos la verdad, pero ya con equipo más competitivo. Por una producción que incluyera la creación del Beat (instrumental), grabación de voces, mezcla y máster yo estaba cobrando alrededor de mil ochocientos pesos" (Salvado, entrevista personal, enero de 2024).

Como se observa, producir un material sonoro en el Rap, es un proceso de distintas vías de acción y precios, y las y los artistas lo van experimentando de acuerdo con sus posibilidades de inversión y necesidades técnicas a lo largo de su carrera. Un proyecto de Rap que se conserva activo y en desarrollo, generalmente tiene una tendencia a escalar hacia una mayor profesionalización al producir sus álbumes: mejores estudios, ingenieros, productores, instrumentos, equipos de sonido, etcétera.

Asimismo, otro aspecto que se realiza dentro de las producciones musicales es el de los acuerdos entre artistas y quien produce, a través de una sociedad en la que cada uno aporta su talento y conocimiento, a cambio de porcentajes de autoría de la obra, una inversión que podría significar una remuneración económica a mediano-largo plazo, en el supuesto que el tema musical generara ingresos considerables por concepto de regalías.

Para concluir esta parte, con la visión de establecer algunas tendencias experimentadas en el Rap sinaloense, evitando la generalización, podemos observar que los diferentes procesos de la producción de música Rap, pueden oscilar entre seiscientos y más de veinte mil pesos mexicanos aproximadamente, ya que su costo, varía dependiendo del prestigio de quien produce, de la infraestructura de los estudios de grabación, el equipamiento en hardware y software, entre otros aspectos a considerar.

CAPÍTULO 4. Distribución, promoción y comercialización del Rap en Sinaloa

La distribución, promoción y comercialización de canciones, ha sido siempre parte clave de la cadena de creación y venta del sector musical, representando procesos con alta incertidumbre con respecto al éxito en el mercado, y que requieren inversión de tiempo, dinero y esfuerzo, traducidos en métodos efectivos de gestión que involucran las relaciones laborales (networking), tanto del artista como de su equipo, en la búsqueda de una campaña efectiva para distribuir, promocionar y posicionar un producto, de la manera más efectiva posible para el desarrollo y finanzas del proyecto.

En lo sucesivo, desarrollaremos ciertas tendencias y sus peculiaridades recurrentes en el seno del Rap hecho en Sinaloa.

El Rap sinaloense del estudio a los oídos del usuario.

Tener la mayor exposición posible, un vasto número de oyentes y ventas considerablemente altas en productos y servicios en torno a la música, es uno de los más grandes retos para quienes crean música, pues alberga altas dificultades e incertidumbres, especialmente para los proyectos independientes del país, y sin duda, para quienes se encuentran en la escena de Rap en Sinaloa; Dentro de ese marco de acción, se desarrollan diversas fórmulas y estrategias para poner en movimiento los productos musicales, con la búsqueda de un impacto positivo en la difusión y sustentabilidad que se desea.

El desarrollo histórico de estos procesos ha evolucionado de distintas maneras, acorde a la coyuntura tecnológica, pasando desde la distribución y venta a través de puntos físico de vinilos, casetes, discos compactos, y "de mano a mano" en la calle o eventos de los proyectos musicales, hasta la actual era digital en la que coexiste una mezcla de las formas tradicionales, con las que han nacido y crecido con el desarrollo de Internet: plataformas digitales de venta *online, streaming,* acuerdos con compañías de telefonía móvil, etcétera.

Dentro de este panorama tradicional-digital, raperas y raperos ponen en práctica las estrategias que consideran más importantes y convenientes para sus proyectos desde una perspectiva financiera y artística; por ejemplo, en los tiempos que corren la mayoría se decanta por la distribución en línea a través de agregadoras tipo CD Baby o ONErpm que gestionan la subida de las canciones a todas las plataformas digitales, incluidas Spotify, Amazon, Tik Tok, entre otras.

Plataformas digitales de distribución y venta de música.

Los servicios digitales para la distribución y comercialización de productos musicales, han variado radicalmente la forma en que se accede y adquiere la música. Desde el arribo de Napster y otros avances tecnológicos, el sector musical vivió una innovación sin precedentes durante décadas, que dieron como resultado el auge actual de plataformas como Spotify y Apple Music que habilitan a artistas para llevar su música directamente a los usuarios, descartando, en muchos casos, terceros habituales como los sellos discográficos (Hesmondhalgh, 2013).

Esta distribución online se ha convertido en una importante estrategia de comercialización de productos musicales, con grandes sellos y artistas independientes en el Rap de Sinaloa en proceso de profesionalización, utilizando agregadoras musicales como CD Baby, Distrokid, SoundON, etc. Un conjunto de empresas dedicadas a la colocación, de pago o gratuita, de singles o álbumes completos en más de 30 plataformas de venta directa o streaming de música en Internet (Spotify, Deezer, Youtube, iTunes, Tidal, etc.).

Desde una visión del consumo, estas plataformas digitales aportan una amplia diversidad a sus usuarios(as), quienes, al alcance de un clic, pueden acceder a géneros musicales y artistas de todo el planeta, impulsando un acceso sin precedentes a diversas culturas y sus manifestaciones musicales

(Bennett, 2011). Al respecto, un informe de la International Federation of the Phonographic Industry (IFPI), señalaba que en 2023 el streaming simbolizó el 65% de los ingresos globales del sector musical, lo que acentúa su creciente relevancia (IFPI, 2024).

Dichas plataformas digitales se desarrollan con varios modelos de negocio, que van desde suscripciones mensuales hasta compras por unidad y anuncios de publicidad. Por ejemplo, Spotify utiliza un modelo freemium que habilita gratuitamente el acceso a música, pero con anuncios cada dos o tres canciones; asimismo, oferta la opción premium, una suscripción libre de publicidad. Esta diversidad de modelos ha propiciado la atracción de una amplia gama de consumidores, generando ingresos importantes tanto para algunos artistas, generalmente los más consagrados, como para los sellos discográficos.

Los hábitos de escucha han variado significativamente antes estos nuevos modelos de distribución y venta, los usuarios actuales consumen música de forma por episodios y dependiendo el contexto, comúnmente eligiendo listas de reproducción diseñadas por algoritmos en lugar de álbumes completos. Esta nueva dinámica, no solo ha modificado la forma en que se escuchan las canciones, sino que también ha impactado en los procesos de creación y lanzamiento de artistas, quienes han adaptado sus estrategias para tratar de aumentar su visibilidad en el entorno digital.

De la misma manera, se ha puesto en evidencia que las plataformas digitales podrían simbolizar, según los hábitos de quien consume, una democratización los productos musicales, habilitando a artistas independientes llegar a audiencias más extensas sin los recursos de los grandes sellos. Esto ha favorecido al surgimiento de artistas "indie" que han posicionado éxitos comerciales importantes a través de la autopromoción, contrastando con el dominio de las discográficas majors.

En esa misma línea, el análisis sobre los comportamientos de los usuarios dentro de las plataformas, ha permitido que raperas y raperos sinaloenses puedan recomendar su arte más efectivamente, a la par de proporcionarles información valiosa sobre su audiencia. Estas analíticas pueden ser fundamentales para la planificación de giras, promociones de lanzamientos, y otras actividades que pueden fortalecer la relación con sus oyentes.

No obstante, a la par de las ventajas que ofrecen, las plataformas digitales también son objeto de críticas: de los asuntos más complejos nos encontramos con la justa compensación a los artistas, estudios han analizado que, si bien el streaming ha impulsado el alcance de los artistas, la remuneración por reproducción es ampliamente inferior a la de las ventas físicas de álbumes. Este escenario, como veremos más adelante, genera una necesidad de modelos de negocio y compensación más justos.

A medida que la tecnología sigue avanzando, el futuro de las plataformas digitales de distribución y venta de productos musicales presenta tanto retos como oportunidades. La combinación de tecnologías emergentes, como la IA (inteligencia artificial) y la RV (realidad virtual), podría modificar y llevar a otros escenarios novedosos, la forma en que los consumidores aprecian la música.

Para finalizar este apartado, el sector musical se ha revolucionado con las plataformas, obteniendo nuevas herramientas para distribuir y monetizar las creaciones de artistas, a la par que los usuarios acceden a la música de una manera novedosa y sin precedentes. Sin embargo, los argumentos relacionados con la compensación justa y la sostenibilidad financiera seguirán siendo temas relevantes en este sector cultural.

Formas de distribución y venta *offline*.

En 2024, el panorama de distribución y venta de música en formatos físicos continúa evolucionando, impulsado por las nuevas tecnologías y los cambiantes gustos de los consumidores. A pesar del auge del streaming y las plataformas digitales, formatos como vinilos, CDs y casetes han experimentado un notable resurgimiento en popularidad en los últimos años. Este fenómeno podría responder al deseo de los oyentes de poseer materiales de forma tangible, y a un renovado interés por el arte visual asociado a estos formatos.

El vinilo, en particular, ha visto un incremento significativo en su demanda, transformándose en uno de los formatos físicos más deseados. Según la Recording Industry Association of America (RIAA, 2024), las ventas de vinilo han ido en aumento, lo que refleja una tendencia hacia el coleccionismo y la nostalgia.

La forma en que se distribuye la música en soporte físico ha cambiado drásticamente con la llegada del comercio en línea, sellos discográficos y artistas comenzaron a vender sus álbumes físicos a través de sus propias páginas web y en plataformas como Bandcamp y Amazon. Esto ha permitido que artistas independientes tengan la posibilidad de mejorar sus ingresos al evitar intermediarios tradicionales y establecer relaciones más fuertes con sus seguidores, experimentando un mayor control sobre la creación y difusión de su obra.

Por otro lado, algunas tiendas de discos han adecuado su actuar dentro de este nuevo escenario. Aunque muchas han cerrado, otras aún activas tienden a organizar shows en vivo, estrenos exclusivos y promociones especiales, convirtiendo la experiencia de compra en una actividad social. Esta manera ha contribuido a revitalizar el interés por los formatos físicos y ha robustecido un sentido de comunidad entre quienes consumen ese nicho.

Otro aspecto a destacar es la inclinación hacia la personalización de los productos físicos, cada vez más consumidores(as) demuestran un considerable interés por ediciones limitadas y artículos de colección que incluyen extras exclusivos, diseños de portada elaborados por artistas, o contenido adicional como posters y descargas digitales. Esta exclusividad no solo aumenta el valor percibido del producto, sino que también enriquece la experiencia de compra.

Los formatos físicos también se han valido de la promoción a través de redes sociales y plataformas digitales. Algunas estrategias de marketing viral han permitido a quienes crean música, alcanzar audiencias más extensas a través de la creación de contenido constante, favoreciendo la conexión directa entre artistas y seguidores. Por último, es importante distinguir el papel de las ferias de música y festivales como puntos relevantes para la venta de formatos físicos. Estos eventos son oportunidades para que artistas y sellos discográficos mercadeen sus productos.

En resumen, la distribución y venta de música en formatos físicos se caracteriza por la conexión entre el valor tangible de los productos, el coleccionismo y la nostalgia, y es con el soporte de la tecnología y las plataformas digitales, que la industria musical sigue localizando maneras innovadoras de adaptarse a las preferencias de quien consume, manifestando que, a pesar de la digitalización, los formatos físicos mantienen un papel significativo en el mercado contemporáneo.

En este aspecto, en el entorno sinaloense, se trata de una actividad casi inexistente, puesto que la gran mayoría de exponentes de Rap están mayormente volcados hacia las nuevas formas de distribución en línea, a través de las plataformas digitales mencionadas con anterioridad.

Las disqueras y su relación con el proceso: diferencias entre *Majors* y sellos y rapers independientes.

Para analizar los diferentes tipos de relaciones entre las disqueras grandes, independientes y los proyectos musicales, consideramos necesario destacar, en un primer nivel, las características y actividades que generalmente realiza un sello discográfico transnacional, para poder contextualizar las implicaciones de los sellos y rapers independientes en la distribución, promoción y venta de los materiales sonoros.

Las *Majors* y su funcionamiento.

En investigaciones previas[4], hemos llevado a cabo un análisis profundo sobre las particularidades de las grandes compañías disco-

4. Cristian Daniel Torres Osuna. (2014). In Estéreo: La industria de la música actual. Madrid, España: Fragua.

gráficas, comúnmente denominadas "majors". Sin embargo, es crucial proporcionar una evaluación clara y actualizada de los modelos operativos que determinan su funcionamiento. Usando a Universal Music como caso ilustrativo, se puede observar que estas compañías generalmente poseen una estructura directiva con roles como CEO, presidente y vicepresidente, así como diversos departamentos autónomos que abarcan todos los elementos de la cadena de valor, que van desde la creación hasta la comercialización.

Los sellos discográficos, que han tenido un papel preponderante en la industria musical a lo largo de los años, son entidades complejas que amalgaman diversas funciones tanto comerciales como artísticas. Tienen la responsabilidad de la producción, distribución, promoción y comercialización de música a gran escala. La organización de un sello discográfico puede variar, pero habitualmente comprende departamentos esenciales como producción, marketing, A&R (Artists and Repertoire), legales y finanzas, que colaboran en conjunto para maximizar el rendimiento económico de su música (Hesmondhalgh, 2013).

La estructura de un sello discográfico grande comúnmente sigue un modelo jerárquico. En la cima se ubica el CEO o presidente, quien toma decisiones estratégicas. Bajo este nivel, hay varios vicepresidentes, cada uno encargado de distintos departamentos. Por ejemplo, el departamento de A&R se dedica a descubrir y desarrollar nuevos talentos, mientras que el departamento de marketing se encarga de la promoción y posicionamiento de los productos musicales en el mercado. Estas jerarquías facilitan una gestión efectiva y clara de las operaciones, aunque también pueden provocar tensiones entre la creatividad artística y las demandas comerciales.

Departamento de A&R

El departamento de A&R tiene un papel fundamental dentro de un sello discográfico, ya que se encarga de identificar y desarrollar nuevos artistas. Este equipo analiza demos, asiste a conciertos en vivo, observa tendencias en redes sociales y establece vínculos con talentos emergentes. Además, monitorea el progreso una vez que son contratados, colaborando con productores y compositores para garantizar que el producto final sea atractivo para el público (Hesmondhalgh, 2013). De este modo, la función de A&R actúa como un nexo entre la visión creativa y las expectativas comerciales del mercado.

Marketing y Promoción

El departamento de marketing es otro componente clave en la estructura de un sello discográfico. Este equipo crea campañas para promover álbumes, sencillos y giras, usando una variedad de canales de comunicación que incluyen medios tanto tradicionales como digitales. Con el auge de las plataformas de streaming y redes sociales, los sellos han tenido que modificar sus estrategias de marketing, enfocándose en datos de audiencia y análisis de tendencias. Esto ha permitido a los sellos no solo publicitar a sus artistas, sino también evaluar el impacto de sus campañas en tiempo real.

Distribución y Ventas

La operación de distribución es esencial para el funcionamiento de un sello discográfico. Tradicionalmente, esto involucraba la producción de copias de CD y vinilos en físico, así como su mercadeo a través de comercios minoristas. Sin embargo, en la era digital, la distribución ha evolucionado. Hoy en día, los sellos se relacionan con plataformas de streaming como Spotify y Apple Music, así como con servicios de descarga digital. Esta evolución ha llevado a los sellos a replantear sus modelos de ingresos, dándole prioridad al contenido digital y buscando nuevas maneras de crear ganancias, sumadas a las tradicionales como el merchandising y giras.

En conclusión, los grandes sellos discográficos son entidades multifacéticas con una compleja organización que sistematiza sus operaciones. Desde la identificación de nuevos talentos hasta la promoción y distribución de música, cada área desempeña un rol decisivo en el éxito comercial del sello y sus artistas. Sin embargo, la vertiginosa evolución en la industria musical, estimulada por la tecnología, exhibe desafíos importantes que estos sellos deben afrontar para conservarse competitivos.

Sellos y rapers independientes: características y diferencias ante las grandes empresas musicales.

En la actualidad, la industria musical está en constante transformación gracias a la digitalización y al acceso a plataformas de distribución en línea. Así, rapers independientes de Sinaloa y pequeños sellos discográficos han logrado adquirir visibilidad y reconocimiento sin depender de las grandes disqueras. Las particularidades de quienes crean de manera independiente presentan un escenario diverso que contrasta con las dinámicas de la industria musical convencional.

Los sellos independientes suelen ser más ágiles y adaptables en su gestión en comparación con los grandes sellos. Esta flexibilidad puede permitir a quienes crean música explorar su creatividad, y buscar nichos de mercado que a menudo son pasados por alto por las grandes disqueras, que suelen centrarse en artistas más comercializables.

La relación entre artistas y los sellos independientes tiende a ser más cercana y personalizada, creando un ambiente propicio para que los artistas exploren sin las limitaciones que muchas veces imponen las grandes disqueras, que priorizan la rentabilidad y la explotación comercial. El financiamiento también se destaca como un contraste significativo. En términos generales, los sellos y rapers independientes cuentan con recursos financieros mucho más limitados en comparación con las grandes disqueras. Aun así, existen financiamientos alternativos, como el crowdfunding y las plataformas de streaming, que han abierto nuevas posibilidades para que, en ciertos casos de éxito, los sellos independientes mantengan a sus artistas; permitiendo, aunque no de manera generalizada, que quienes crean música adquieran una mayor proporción de sus ingresos y conserven el control sobre sus obras.

La promoción y el marketing son áreas donde la autonomía afronta retos. Las grandes discográficas a menudo cuentan con acceso a vías promocionales más extensas y recursos significativos para campañas de marketing. No obstante, aunque los sellos independientes no poseen los mismos recursos, existen estrategias, como el marketing de guerrilla, que les podría permitir destacar. Esta dirección creativa puede repercutir efectivamente en la valorización de la autenticidad y el posicionamiento de un lanzamiento musical.

La cultura de la música independiente puede llegar a fomentar la creación de una comunidad y colaboración entre quienes crean, en contraste con la competencia característica de las estructuras de las grandes disqueras. Quienes crean de manera independiente suelen formar redes de apoyo, colaborando entre sí, facilitando la creación de proyectos más diversos e innovadores.

Además, los sellos independientes tienden a adoptar, aunque no siempre, un enfoque más ético y responsable en sus operaciones. En contraste, las grandes disqueras han sido objeto de críticas por sus prácticas laborales desfavorables y explotación. Los sellos independientes tienen esa posibilidad de impulsar prácticas sostenibles y una mayor transparencia en la industria musical, ética que resulta interesante para artistas emergentes que buscan esos valores que reflejen su propia visión creativa.

Con el escenario actual, la digitalización ha permitido a rapers y sellos independientes buscar competir en el ámbito global. Plataformas como Bandcamp y Spotify han democratizado la distribución musical, lo que permite que, sin el respaldo de grandes sellos, en ocasiones se pueda alcanzar reconocimiento internacional. La distribución digital ha empoderado a quienes crean de manera independiente, permitiéndoles llegar a audiencias que antes no eran accesibles.

Sin embargo, rapers independientes enfrentan numerosos desafíos. A pesar de las oportunidades, la saturación del mercado digital dificulta destacar entre la multitud, puesto que la competencia en el entorno digital requiere innovación constante y un enfoque estratégico en marketing. Las y los artistas deben desarrollar habilidades que van más allá de la música, abarcando la autogestión y el uso eficiente de las redes sociales.

En Sinaloa, se vive una situación similar a la que se observa en el resto del país, quizás debido a la falta de personal y recursos de los sellos independientes. Por ello, muchos se ven alejados de las funciones integrales que, en teoría, debería realizar una disquera, como el apoyo en la creación, producción, distribución, promoción y posicionamiento del artista.

La práctica del Star System, tan vinculada a las grandes transnacionales, que favorece a un reducido número de artistas que aseguran ingresos crecientes, también se refleja en algunos sellos independientes mexicanos, que replican en menor escala métodos similares al tener amplios catálogos de proyectos musicales, aunque centran una atención especial en unos pocos.

Mr. Blaky, rapero de Mazatlán, nos comparte sus impresiones al respecto:

> Lo que he podido notar en mi experiencia con sellos independientes, es la falta de voluntad o quizá la insuficiencia de recursos humanos; por ejemplo, yo he trabajado alguna temporada con algunos que tienen más proyectos en su catálogo, proyectos que, para un presupuesto y equipo de trabajo reducido son demasiados, y entonces suelen excluir de los apoyos de promoción, generación de contactos para prensa y festivales, etcétera, a otros proyectos, es decir, concentran sus esfuerzos en la distribución y promoción de unos cuantos que tienen acceso a su "apadrinamiento" para impulsar sus carreras.
>
> Bueno, en fin, quien rapea tiene que analizar más sus acciones y no dejarse llevar por el supuesto renombre de algún sello independiente, es un problema muy complejo y estructural, pero también hay mucho embaucador en la industria de la música y hay que valorar realmente cuáles serán los beneficios, costos, plazos, evitando así decepciones y frenos en su carrera. (Mr. Blaky, entrevista personal: agosto de 2024).

Precarización de rapers independientes en Sinaloa en plataformas digitales.

La precarización que enfrentan creadoras y creadores independientes, incluyendo a rapers sinaloenses, en plataformas digitales, como Spotify, se encuentra generando debate en los ámbitos artístico y académico, puesto que la estructura de ingresos que brinda Spotify a sus artistas es significativamente residual, lo que contribuye a la precariedad laboral en el sector musical. Esta problemática se ve incrementada por el hecho de que quienes crean, generalmente, dependen casi exclusivamente de estas plataformas para la difusión de sus creaciones, lo que les coloca en una situación vulnerable ante los algoritmos y las políticas corporativas de estas empresas.

En una declaración reciente, Snoop Dogg, uno de los raperos más prominentes del mundo, expuso su análisis sobre este fenómeno:

> Las plataformas de streaming tiene que arreglar su mierda, porque yo no entiendo cómo diablos te pagan con esa mierda, quiero decir, alguien puede explicarme ¿cómo es que puedes obtener mil millones de streams y no obtener un millón de dólares? Esa mierda no tiene sentido para mí, no sé quién diablos dirige la industria del streaming, pero necesitas darnos alguna información sobre cómo jodidos rastrear este dinero, porque uno más uno, no suma dos, esa mierda no cuadra y tengo que decirlo. Porque es la principal queja de muchos de nosotros, artistas que hacemos números importantes con streamings pero no suma dinero, es como ¿dónde diablos está el dinero?.
>
> Cuando salí por primera vez mis discos se vendían en formato físico y con base en eso, si vendes un millón de copias eso significa que a 9,99 el disco 9 millones de dólares uno obtiene tanto porcentaje y eso es lo que es. Entonces si yo vendo ¿cuántos streams? ¿cuánto dinero obtengo?, no está cuadrando y no está funcionando para el artista en este momento. (The N Channel, 2023.)

La digitalización de la música ha revolucionado el modo en que se consume y distribuye, pero también se percibe esa disminución en los ingresos que menciona Snoop. Este entorno no solo pone en riesgo la sostenibilidad económica de artistas independientes, sino que también afecta la diversidad musical, ya que quienes son menos conocidos enfrentan mayores obstáculos para tener audiencia. El modelo de negocio de Spotify tiende a impulsar a artistas con un gran número de seguidores, dejando a artistas emergentes en una lucha por su supervivencia.

Esta realidad robustece un sistema donde solo un pequeño porcentaje de artistas genera la mayor parte de los ingresos. Sin embargo, existen otras afectaciones por explorar como la salud mental de quienes crear de manera independiente, que se puede ver perjudicada al enfrentar la incertidumbre económica y la falta de reconocimiento de su arte. La presión por mantenerse relevantes en plataformas saturadas puede provocar una sensación de agotamiento y desesperanza entre artistas, quienes se podrían sentir en un ciclo de trabajo sin recompensas.

Finalmente, la precarización en plataformas digitales no es ajena al entorno sinaloense, puesto que como veremos en el siguiente apartado, es fundamental que se debatan y propongan modelos de compensación más equitativos y se impulse un ecosistema digital que pondere la creatividad y el trabajo de todas las personas que hacen música, no solo de los más comerciales. Para alcanzar esto, es preciso continuar con los estudios desde la academia, que permitan diagnósticos de base para fomentar políticas que favorezcan una distribución justa de los ingresos.

Es evidente que existen otras vías de financiamiento que los proyectos musicales pueden explorar, como eventos en vivo o la venta directa de su música a través de estrategias con sus seguidores, entre otras. Sin embargo, la realidad general de rapers sinaloenses se relaciona más con la precarización que con la libertad financiera; Veamos.

Rapers de Sinaloa y sus ingresos.

El Rap independiente ha evolucionado como una fuerza dinámica dentro del sector musical, permitiendo a artistas expresar su creatividad sin algunas de las condiciones que presentan los grandes sellos. Sin embargo, esta autonomía presenta significativos retos, primariamente en lo que concierne a la viabilidad económica. Una de las mayores dificultades que enfrentan quienes crean Rap en Sinaloa es la de obtener ingresos suficientes a través de la venta de su música y productos afines. Con el desarrollo de la industria musical y el esparcimiento de plataformas de streaming, artistas independientes se adaptan a un modelo en el que prevalece la cultura de las reproducciones, que ha superado gradualmente la venta directa de álbumes que el entorno físico mantuvo durante décadas.

Plataformas como Spotify y Apple Music han generalizado el acceso a la música, a la par que presentado complicaciones importantes con respecto a la situación económica de quienes crean. Esto sucede en parte debido al modelo de pago por reproducción que tiende a favorecer a artistas más populares, dejando a quienes tienen audiencias más reducidas con compensaciones considerablemente bajas. Esta variación crea un ambiente en el cual existen serias complicaciones para avanzar, lo que puede provocar un aumento en la inestabilidad financiera.

Generalmente, raperas y raperos independientes, suelen depender de actividades múltiples, analizadas por Guadarrama (2014) de la siguiente manera:

> En la sociedad contemporánea, el rasgo más sobresaliente de los patrones de empleo de los músicos es la multiactividad. Especialistas en el fenómeno [...] hablan de un sector del mercado de trabajo en el que las personas constantemente se mueven de un empleo a otro, acumulando empleos de corta duración, a veces con uno que sobresale como principal, haciendo "arreglos" verbales o escritos con diferentes empleadores, en modalidades distintas como subordinados o por cuenta propia (p.10).

En este contexto global, frecuentemente, los raperos y raperas sinaloenses, además de sus empleos fuera de la música, tienen que asumir múltiples responsabilidades de sus proyectos musicales para adaptarse a sus circunstancias, lo que puede resultar en desgaste físico y emocional. No solo componen y producen música, sino que también manejan su propio marketing, ventas, booking y redes sociales. Esto puede significar una sobrecarga de trabajo, en la que el tiempo y la energía necesarios para hacer crecer sus proyectos con calidad, se ven comprometidos por la necesidad de generar ingresos complementarios. Esta precarización del quehacer artístico plantea interrogantes sobre el valor de la música en la sociedad y sobre cómo puede sostenerse.

Al respecto, Menger (1989) planteaba diversas formas de adquirir recursos económicos:

> La remuneración de las actividades artísticas principales, la de los trabajos artísticos secundarios y para-artísticos, los recursos obtenidos por empleos sin vínculo con el arte, los ingresos del cónyuge, otros tipos de recursos como las ayudas de la familia o de los amigos, la fortuna personal, los productos del mecenazgo público o privado, los subsidios de desempleo (p. 132).

El financiamiento en el caso de los proyectos de Rap en Sinaloa, proviene principalmente de actividades que no tienen relación con su desarrollo artístico. Por otro lado, la utilización de otras formas financiamiento directo con los seguidores, como las plataformas de crowdfunding tipo Patreon y Kickstarter son poco utilizadas en el estado. Este modelo continúa siendo una alternativa marginal, pues existe una gran disparidad en la capacidad económica para promocionarse y alcanzar a más oyentes en este sistema.

En resumen, los y las creadoras independientes afrontan numerosas dificultades económicas en un entorno donde la creatividad y la sostenibilidad no siempre están alineadas. A medida que la industria musical sigue transformándose, es esencial que se implementen políticas que aborden estas desigualdades y que se provean recursos adecuados para que artistas puedan prosperar sin sacrificar su arte. La lucha por la equidad en la música independiente es una asignatura colectiva que demanda la atención tanto de quienes realizan música como de la sociedad en su conjunto.

Al respecto, Mr. Blaky nos cuenta su experiencia y evaluación en el entorno sinaloense:

> Hay un punto importante aquí, el económico, la realidad que yo he visto de cerca, tanto en Sinaloa como en el resto del país es que muy poca gente vive del Rap, con disquera o sin ella, es muy difícil, piensa en los millones de proyectos que existen en México y solo unos pocos que están masivos, son millonarios, del resto casi nadie vive bien de esto, honestamente, y no me

> refiero a que te caiga un extra cada 3 meses no, me refiero a vivir bien, que te alcance para mantener tu vida personal, familia, carrera artística y darte algunos lujos como viajes, un coche, ropa, calzado, etc. Esa es la realidad, uno hace música por pasión, pero muy pocos van a vivir de ella por mucho que sueñen con eso, es triste quizá, pero es así, es estadística, la mayoría tiene otros trabajos para mantener su pasión, el sistema así está diseñado. (Mr. Blaky, entrevista personal: agosto de 2024).

Redes sociales y otras vías de promoción.

La utilización de redes sociales ha transformado radicalmente la manera en que rapers sinaloenses promocionan su música. En la actualidad, plataformas como Instagram, TikTok y Spotify no solo sirven para compartir contenido, sino que también son herramientas básicas para sus carreras. Estas redes permiten que artistas interactúen directamente con sus seguidores, lo que crea un sentido de comunidad y pertenencia, potenciando la fidelidad del público hacia artistas.

La segmentación de audiencias es otra de las ventajas que presentan las redes sociales en la promoción de la música. A través de la publicidad dirigida, quienes crean canciones pueden alcanzar a públicos concretos según sus gustos y preferencias. Aunque en el entorno del Rap sinaloense es una práctica poco común, quienes utilizan esas herramientas logran hacerse un espacio significativo en la industria musical, dependiendo de la inversión económica, sin necesidad de un respaldo discográfico convencional.

Asimismo, TikTok ha tenido un impacto importante en la música contemporánea, convirtiéndose en un fenómeno que no puede ser ignorado. Existen artistas que han visto cómo sus canciones se viralizan en esta plataforma, generando un efecto dominó que aumenta las reproducciones en otras plataformas como Spotify. No obstante, no podemos obviar que el alcance real viral que se genera en TikTok, también hace parte, en la mayoría de los casos, de una estrategia de marketing cuyo impacto dependerá de la inversión económica que se realice a través de campañas de ads, con influencers, etc. Es decir, el alcance que recibe su música es, casi siempre, proporcional a la cantidad de dinero que se invierta.

Además de las redes sociales, la creación de contenido audiovisual es crucial como forma de promoción musical. Videoclips en YouTube, presentaciones en vivo transmitidas por streaming y contenido detrás de cámaras han permitido a rapers sinaloenses mostrar su personalidad y conectar emocionalmente con su audiencia.

En ese contexto, Souner Mzt, rapero mazatleco, nos comparte su experiencia en el uso de las nuevas tecnologías y redes para la promoción de su proyecto:

> La estrategia empieza desde que vas cocinando la canción, subiendo historias, Tik Toks, para que cuando tengas la fecha de estreno, empiezas a subir teasers del video en Facebook, Instagram, y Tik Toks con la canción para que se vaya moviendo, e igual si se le puede meter publicidad desde antes con el previo, subiendo escenas de dónde grabaron el video. Hay mil maneras de cómo promocionarlo antes, igual a veces se hace lo de que faltan tantos días para el estreno con fotos, con imágenes, la portada y así.
>
> A la hora que sale la canción, continúa el trabajo, viene lo bueno porque ya puedes compartir el link de la canción tal cual, igual subiendo el video promocional, haciendo Tik Toks, transmisiones en vivo para conectar con la gente, igual mostrar el video que hiciste detrás de cámara para que a la gente le siga interesando después de una semana, en fin, utilizar las redes totalmente ya que es lo de hoy (Souner Mzt, entrevista personal: agosto de 2024).

Otro aspecto que ha sido potenciado por las redes sociales es las colaboraciones entre artistas, estimuladas por el entorno digital, actualmente es más fácil que artistas sinaloenses se conecten y realicen colaboraciones que antes podían resultar complicadas. Estas alianzas no solo extienden el alcance de la música de cada artista, sino que también brindan a los oyentes la oportunidad de descubrir nuevos géneros y estilos.

Asimismo, la importancia del 'merchandising' se ha visto fortalecida por la presencia online de artistas. Vender productos relacionados con la música (camisetas, tazas, gorras, calcomanías, etc.), a través de redes sociales puede representar una fuente extra de ingresos. Esto no solo genera un apoyo económico, sino que también fortalece la conexión de artistas con sus seguidores.

En conclusión, el uso de redes sociales y otras vías digitales de promoción musical han reconfigurado el panorama de la música actual. La capacidad de interacción directa, el aprovechamiento de herramientas analíticas, el crowdfunding y el contenido audiovisual son solo algunas de las estrategias que han permitido a artistas adaptarse a un entorno en constante cambio. Así, la combinación de estos elementos puede crear oportunidades significativas que pudieran contrarrestar la precariedad, para que tanto carreras consolidadas como emergentes, encuentren su lugar en la industria musical contemporánea y construyan conexiones fuertes e inclusivas con su público.

Medios digitales independientes para promoción del Rap sinaloense (radio, influencers, *blogs*, *videobloggers*, etc.).

Estamos presenciando una etapa digital en la que los medios masivos de comunicación tradicionales, coexisten con una diversidad de plataformas actuales que brindan nuevas formas de comunicación y comercialización. Esto da paso a un panorama mucho más amplio, compuesto por canales emergentes insertos en las nuevas tecnologías de la información (Larrégola, 1998:209).

En ese contexto, el paso de lo analógico a lo digital en la industria de la música, el incremento en la utilización y variedad de las redes sociales, así como la propagación de herramientas que potencian la creación de productos audiovisuales a costos relativamente accesibles, son solo algunos de los componentes que han impulsado el surgimiento y consolidación de alternativas para la difusión del Rap en Sinaloa. Actualmente, estas opciones representan un papel decisivo en las estrategias de promoción de música, giras y conciertos, entre otros.

Aunque no existe una base de datos precisa que registre la cantidad de nuevos medios digitales dedicados a la promoción musical del rap en Sinaloa, se encuentra en constante crecimiento y está compuesta por programas, blogs especializados, influencers, etc. Emprendimientos que son generalmente autogestionados y operan con recursos propios. Estas entidades trabajan bajo la filosofía de "hazlo tú mismo" (DIY) y ofrecen apoyo y seguimiento a proyectos musicales independientes, generalmente con estructuras empresariales simples donde un pequeño número de personas se encarga de las diversas actividades necesarias para su funcionamiento.

Al respecto, Sara Cos, fundadora de Mazarap, medio digital de difusión de las actividades relacionadas con el Rap en Mazatlán, analiza la función de su proyecto de la siguiente manera:

> Se trata de dar apoyo a los artistas, dar difusión a su trabajo a lo que están haciendo, y más que nada, en esta cultura tan estigmatizada, es más grande el propósito de dar a conocer todo lo que rodea al Hip Hop para que no lo relacionen con cosas malas.
>
> Por eso se trata de ir a todo tipo de eventos, desde tocadas de Djs, eventos de B-boys, festivales de grafiti, rapeadas y con eso dar difusión en la página, y a su vez buscamos seguidores con cada actividad que se hace. Así, en esos eventos he conocido más gente, de aquí y otros lados, de esa manera la difusión llega todavía más lejos, en la ciudad y fuera de ella, en otras ciudades, otros estados, y así es como va creciendo el movimiento, de ahí surgen conexiones, colaboraciones e incluso la salida de rapers a otros lugares fuera de Sinaloa. (Sara Cos, entrevista personal, noviembre de 2024).

En este escenario caracterizado por la coexistencia de múltiples nichos de audiencias y contenidos, nos encontramos ante una extensa gama de emisores y receptores, que se traduce en una diversidad de mensajes. En resumen, los medios digitales independientes prosperan al ofrecer variedad y nuevas propuestas a un público que desea descubrir las últimas novedades en el Rap del Estado.

El esparcimiento de esos espacios de promoción a nivel estatal facilita la superación de algunas dificultades, que a menudo pueden ser costosas, para acceder a los medios tradicionales de comunicación (radio, televisión, periódicos, entre otros). Asimismo, este escenario puede generar oportunidades de trabajo para emprendedores, reforzando los nichos de mercado minoritarios, promoviendo la diversidad y motivando a rapers sinaloenses a emprender estrategias promocionales con el fin de ampliar tanto su música como su base de fans.

En ese sentido Kenny Campos, exponente del rap de Culiacán, comenta:

> Desde que saqué la primera canción mía a la que le fue relativamente bien, tuve la fortuna de que me buscara un medio de música alternativa para entrevista, gracias a esa entrevista me buscó un programa independiente que se llamó Sin Filtro y ha sido por participar activamente en eventos de rap, que de ahí tal vez alguien más me jala a otros eventos, y de esos eventos luego me ve alguien que me invita a otra entrevista, todo ha sido muy orgánico con subidas y bajadas, a veces me invitan a muchos medios para promocionarme y en otras ocasiones ni me pelan por meses (Kenny Campos, entrevista personal: agosto de 2024).

Para concluir nuestro aporte, enlistaremos algunos de los medios digitales independientes activos en el Estado, que aportan a la construcción de una escena del rap sinaloense más diversa e incluyente:

Mazarap, Rap Mazatleco, Urban Hunter, No tan Usuales, La Análoga Radio, Qvery, Serpientes y Escaleras, Whynot, 12 media, Sin filtro, Maz Local, Mazachuscos, Cerebros Podcast, Sin Stop, El Mendoze, La otra cara del disco, Radio UAS, Club Anónimo, Radio Sinaloa 94.5, Así me lo contaron, No te enredes, entre muchos otros medios que impulsan el Rap en Sinaloa.

CAPÍTULO 5. Características y organización de los conciertos en vivo

Planeación y realización de conciertos en vivo.

Una de las acciones de presentación más frecuentes entre los proyectos musicales es la realización de conciertos en vivo. Para muchas personas, esta fase es la más gratificante, ya que permite exponer verdaderamente las habilidades artísticas y crear una conexión con el público. Igualmente, en ciertos casos, puede convertirse en la actividad más lucrativa dentro del proceso musical; por lo tanto, es una categoría esencial en este libro, que analizaremos en las siguientes líneas.

Mr. Blaky, rapero mazatleco, considera que los conciertos en vivo conservan, entre otros, los siguientes rasgos característicos e importancia:

> Cada proyecto de rap en el estado presenta una dinámica única en su interacción con el público, así como en la forma en que este reacciona. La naturaleza del evento y el lugar también influyen en el desarrollo del espectáculo. Para mí, el concierto es una de las partes fundamentales. Es en el escenario donde realmente se demuestra el talento, pasando a la ejecución de lo que suena en tus canciones, yo en lo personal me lo tomo muy en serio y me va muy bien en los shows. (Mr. Blaky, entrevista personal: agosto de 2024).

En este marco, el siguiente apartado explorará los diversos procedimientos de planificación, administración y ejecución, además de las implicaciones y roles de distintos(as) participantes en el ámbito del Rap sinaloense, de acuerdo con el tipo de proyecto (concierto) que se va a llevar a cabo.

Categorías de conciertos.

Existen diversas categorías de conciertos que se llevan a cabo en el ámbito independiente en Sinaloa, las cuales varían según el propósito, los recursos económicos y el posicionamiento de los proyectos musicales, así como de otros actores como bookers, funcionarios, empresarios y organizaciones civiles. A continuación, resaltaremos los principales rasgos de las presentaciones en vivo.

Eventos con pago de honorarios.

En algunas partes de México, especialmente en ciudades grandes, hay diferentes foros que organizan eventos con un modelo de contratación de proyectos independientes con música original. Esto suele realizarse a través de una programación anticipada, y los pagos varían según el prestigio del proyecto musical.

Comúnmente, estos venues ya están equipados con el personal técnico necesario, así como con audio e iluminación apropiadas para realizar shows en vivo. Asimismo, suelen tener una logística bien estructurada para la ejecución de los mismos, envolviendo detalles como la venta de entradas, ingenieros de sonido y horarios concretos para la carga, prueba de sonido, entre otros.

Es importante apuntar que, aunque puede suceder, la mayoría de rapers sinaloenses no suelen llevar a cabo sus presentaciones bajo este modelo, ya que es preciso disponer de una audiencia creciente y contactos para conseguir arreglos económicos favorables. Esto incluye tener una trayectoria solidificada, sonido de calidad, un público importante que asista a sus eventos, y una sólida red de conexiones en el sector musical, tales como un representante, booker, manager o medios de comunicación, que son algunos de los más relevantes.

Shows de colaboraciones con inversión compartida.

Es preciso establecer que no existe una fórmula determinante para la operatividad de este tipo de bares o foros y sus convenios con proyectos independientes de rap, aunque podemos identificar ciertas tendencias similares a las de los lugares que suministran de todo lo necesario para los eventos (escenario, sonido, iluminación, etc): ceden las ganancias de las entradas a los proyectos y ellos ganan de la venta de bebidas, comidas y más; en esa misma línea, existen otras vías para dividir la inversión y porcentajes en todo lo relacionado con el evento.

Lo anterior puede equipararse con lo que se desarrolla en gran parte de las ciudades de Sinaloa, salvo algunas diferencias según la localidad. Además, bajo este modelo raperas y raperos tienden a implicarse más en la organización del show (vendiendo boletos, contribuyendo con equipo de sonido, personal, iluminación, gestión de publicidad, entre otras acciones enfocadas en el éxito del evento).

Eventos con explotación del trabajo musical.

Es esencial distinguir que hay establecimientos u organizadores de eventos que persiguen exclusivamente su propio beneficio, facilitando un foro como una supuesta oportunidad de promoción, sin ofertar remuneración económica, ni repartición de las entradas o de los consumos de bebidas o comidas. Aprovechándose del esfuerzo de los proyectos musicales y de la compra de bebidas y alimentos de su audiencia, a cambio de un par de cervezas y, ocasionalmente, algo de comida. Afortunadamente, el desarrollo integral de la escena musical del rap en Sinaloa, está viendo un aumento en el número de exponentes que rechazan estas prácticas.

En este sentido, Mr. Blaky opina que:

> siempre es necesario buscar un modelo que beneficie a ambas partes involucradas, tanto al foro o promotor como al artista, ya que ambos han invertido en sus respectivas actividades para hacer posible esa presentación. Por ende, los acuerdos deben ser justos; de lo contrario, invito a rapers del estado a no regalar su trabajo, a siempre solicitar una compensación que, evidentemente, debe ser coherente con lo que pueden ofrecer al evento. Y si algún día decides no cobrar por tu show, porque te conviene por alguna razón de promoción o cualquier otra, que sea una elección personal, no el resultado de un engaño o una decisión impuesta por otro (M. Blaky, entrevista personal: agosto de 2024).

En eventos organizados por entidades gubernamentales.

Durante el año, el país organiza una diversa cartelera de eventos musicales, operados con recursos públicos, en los que participan artistas locales como internacionales. Ejemplos de ello son la Semana de las Juventudes, por el Instituto Nacional de la Juventud en la Ciudad de México, y el Festival Internacional Cervantino, organizado por el gobierno de Guanajuato.

Estas iniciativas, generalmente, contratan a proyectos de diversas trayectorias y, en ocasiones, se lanzan convocatorias abiertas para su participación. Un ejemplo de esto es el Festival Internacional del Pitic y el Día Internacional de la Música en Sonora, así como el Festival de Rock Sinaloa o el Día de la Música, que es llevado a cabo por el Instituto Sinaloense de Cultura.

El rap sinaloense, ocasionalmente encuentra cabida en este tipo de eventos, pero no generalmente, y el pago habitual para los proyectos de Sinaloa oscila entre 5 y 8 mil pesos mexicanos por presentación, más viáticos como transporte, alimentación y hospedaje en caso de que sea en una ciudad distinta a la del proyecto.

Organización de shows por artistas o colectivos.

Una dinámica recurrente en la escena del rap de Sinaloa es la colaboración de artistas de múltiples proyectos que se agrupan para llevar a cabo eventos que, en ocasiones, se realizan en bares o espacios que tradicionalmente albergan conciertos, pero también se utilizan locales, casas y otros lugares que se adaptan para la ocasión. Dentro de esta categoría, es posible mencionar algunos promotores relevantes como Vicker de Tamal Squad, Festival Nacional de Mujeres Hip Hop, Cultura Hip Hop, Urbanorte, Rap En Las Venas, entre otros artistas o colectivos que se involucran en la creación de eventos en vivo.

En relación a esto, Charlot, vocalista del grupo de Rap Tribu Mala y organizador de eventos como el Maza Waza Raps, explica las acciones fundamentales que se deben llevar a cabo en este enfoque de organización:

> si la organización corre por nuestra cuenta, primero es conseguir un local apto para las necesidades del evento (aforo, seguridad, equipo de audio necesario), conseguir patrocinios (marcas o tiendas de ropa interesadas en el género, restaurantes y hoteles) para cubrir los gastos del evento y viáticos de los artistas invitados (vuelos, comidas, hospedaje).
>
> Si son eventos de más de 1000 personas, se necesita apoyo tanto de iniciativa privada como de gobierno para poder cubrir todas las necesidades de los artistas de esa talla (permisos, transporte, hospedaje) para que sea redituable (C. Esquerra, entrevista personal: agosto de 2024).

En esa misma línea, Vicker, promotor de Rap de Culiacán expone sus vías de acción para el desarrollo de un evento:

> Yo inicio con la idea, así de que tengo ganas de hacer un evento, y cuánto presupuesto tengo en mente, cuánto quiero arriesgarme, supongamos que veinte mil pesos de presupuesto, entonces ya tengo la idea y cuánto hay que invertir, y a partir de ahí analizar las opciones, yo por ejemplo hago un análisis de los artistas que pudiera traer, todo esto en una primera etapa de planeación. Entonces ya definido a qué artista quiero traer, pues obtengo el presupuesto de cuánto costaría, vuelos, hospedaje, comida, atenderlos con algunas bebidas y así, todo esto es variable, porque los gastos siempre se van elevando en la práctica, por eso uno tiene que planear bien en esa etapa para que no se disparen los números entre lo que uno planeaba y lo que realmente termina costando.
>
> Después de definido lo básico, sería una etapa de desarrollo, por lo general hay que apartar la fecha con un 50% de anticipo, y ya el artista ya empieza a publicar que vendrá a la ciudad y ya se empieza como que, a ir calentando la cosa para el evento, en ese momento, aún hay cosas que no están definidas del todo, por ejemplo, quizá aún no sé dónde lo voy a hacer, los horarios, costos, artistas locales de acompañamiento, etc. Pero, tengo la idea principal que es el artista estelar, tengo la fecha, y a partir de ahí voy viendo en dónde lo voy a hacer, y quién se va a sumar de los artistas locales.
>
> En cuanto a los artistas a mi me gustan que sean de varias partes del estado, y ya se va viendo quién se puede sumar a los estelares, y así se va armando la cartelera, entonces ahí para mí es ir construyendo ese desarrollo, ese paso secundario, todos esos detalles, horario, en dónde, cuestiones de diseño, la venta y promociones de alcohol, etcétera, yo de hecho hago primero un flyer preventivo con los artistas estelares que me ayuda a promocionar, pero también a buscar patrocinadores.

> Luego aplica la etapa de pre-ejecución, unos días antes, si tengo preventa en esos días me pongo una meta para acomodar los boletos, me pongo una meta, digamos 100 boletos, así trato de moverme, de asegurar preventa para que vaya público y darle también cortesías a patrocinadores para que hagan promociones y todo eso, en esta etapa se imprimen lonas, algunas playeras, publicidad a redes, se hace la programación de horarios, cuestiones de sonido, etc. Todo esto previo a la ejecución del evento.
>
> El día del evento es la última etapa, casi todas las cuestiones mencionadas las puedo gestionar yo, pero el día del evento ya se necesita más organización, alguien en la puerta, algo de staff, fotografía, video, seguridad si se requiere, etc. Siempre puede haber imprevistos, pero ahí uno va resolviendo, siempre puede haber cambios en lo programado, pero lo ideal es que no sean muchos, controlar eso, así uno va agarrando experiencia.
>
> Y así, principalmente, para mí esas son las etapas: idea y planeación, desarrollo, pre-ejecución y ejecución. Y ya después se hace una reunión con las personas involucradas para hacer un análisis del evento, una retrospectiva para ver cómo salió todo y ver qué se puede hacer mejor. (Vicker, entrevista personal, octubre de 2024).

En ese contexto, hay figuras relevantes de la cultura Hip Hop que generalmente hacen parte de un evento de rap: el DJ, encargado de soltar las instrumentales y en caso de requerirse hacer cortes y scratches; asimismo, el host, cuya función es presentar el evento, introducir a los artistas antes de su show y mantener la energía de los asistentes para una mejor experiencia; al respecto, Najera, host mazatleco con amplia experiencia en eventos locales y nacionales, aporta lo siguiente:

> La función desde mi punto de vista y de experiencia, es que un host nunca debe dejar que el evento se apague, nunca dejar de mostrar energía, y nunca perder el pie de a lo que va dirigido el evento.
>
> Un host debe ser 100% profesional, no subirse a tarima ni alcoholizado ni drogado, conectar con el público, no tomar en cuenta a las personas negativas que hay en él, mostrarse interesado con el evento, mostrar creatividad a la hora de presentar.
>
> Saber diferenciar públicos, no todos son iguales, saber la forma correcta de entrar-conectar con él, cabe resaltar, que eso se gana con la experiencia, pero entender que no todos los eventos son iguales inclusive si van a dirigidos al mismo ambiente.

> Un host se encarga de leer el evento, entender y captar cada evento.
>
> Y en opinión personal, nunca, nunca abandonar o dejar tirado un trabajo, solo porque no era lo que esperabas. (Host Najera, entrevista personal, noviembre de 2024).

A manera de conclusión, es preciso mencionar que todas las facetas mencionadas, conllevan aspectos administrativos y legales que hacen también parte del sector musical y del rap en Sinaloa; en ese contexto, una de las cuestiones más importantes a la hora de crear canciones es la de los derechos de autor, cuyas características generales abordaremos a continuación.

CAPÍTULO 6. Estado y características de los derechos de autor en el Rap sinaloense

Como hemos visto, desde su nacimiento hasta el desarrollo actual del rap en el país, el género musical ha experimentado una transformación significativa en muchos rubros: tecnológicos, económicos, discursivos, estéticos, etc.; Sin embargo, uno de los grandes desafíos actuales de artistas independientes que crean rap radica en los derechos de autor, ya que aunque se cuentan con leyes de protección de las obras artísticas, una gran parte de creadoras y creadores no están instruidos sobre los procesos necesarios a realizar para proteger su trabajo, pero a su vez para no violentar los derechos de otras personas creativas.

Para ejemplificar lo anterior, podemos constatar que en el Rap sinaloense es común encontrarse dos situaciones dignas de análisis: la primera radica en que muchas de las obras musicales que se realizan en el estado no cuentan con un registro ante el Instituto Nacional de Derechos de Autor, que es el organismo encargado de reconocer que una canción le pertenece a quien la realiza; la segunda situación, tiene que ver con el uso de samples e instrumentales que pertenecen a otras personas, sin una licencia, esta práctica es recurrente, especialmente en quienes se encuentran en una etapa inicial con sus proyectos; sin embargo, a la hora de monetizar, o bien en el escenario hipotético de que se viralice una canción con fragmentos de otras creaciones, esto podría representar problemas legales y económicos serios para quien incurra en esa práctica.

Al respecto, Horacio López, delegado en Mazatlán de la Sociedad de Autores y Compositores de México, S.A.C.M., desarrolla sobre la incidencia de los derechos de autor y su desarrollo en Sinaloa:

> Una vez que se crea un tema, lo primero que se tiene que hacer es registrarlo ante el Instituto Nacional de Derechos de Autor (INDAUTOR), hay medios para hacerlo, se puede ir directamente ante una oficina del Instituto, aquí en

Sinaloa conozco dos, la de Culiacán y Mazatlán, hay que llenar un formato y pagar para hacer el trámite de registro, ahí te reciben, se le da curso y al tiempo te llega el registro a tu domicilio.

Hoy en día, hay una nueva modalidad también para hacerlo, es a través de Indarelín, que está dentro de la página del INDAUTOR, solo necesitas tener tu firma electrónica, está muy sencillo, la plataforma está muy amigable y es mucho más rápido hacer el registro. Ese es el primer paso y yo creo que es el más importante después de crear un tema, para posteriormente poder promoverlo, sacar en plataformas, redes sociales, radio, televisión o en cualquier medio que se tenga planeado difundir.

La verdad es que creo que todavía estamos en pañales con respecto a este tema, y más en el género del Rap estamos un poquito alejados de este proceso de registro de temas, ante el INDAUTOR, pero ya no es tan atrasado como antes, yo tengo once años aquí en esta delegación de la Sociedad de Autores y Compositores, y sí me ha tocado ver un poquito más el progreso, pero cuando recién llegué sí había muchísimo desconocimiento, todavía sigue habiéndolo, pero no como hace once años.

Hoy en día la tecnología, las redes sociales, Internet, te acercan por si tienes alguna duda y pones en el buscador sobre qué hacer una vez que hago un tema, y ahí te salen las opciones, incluida la que te mencioné, eso ha acercado un poco más a la gente. No obstante, desde mi punto de vista sí estamos un poquito atrasados, sigue habiendo mucho rezago creo yo, pero ya no es la misma que antes. (Horacio López, entrevista personal, octubre de 2024).

Profesionalización y formalización de los derechos de autor

La informalidad dentro del Rap sinaloense desde el punto de vista de los derechos de autor, es una constante en quienes crean música de manera independiente, sin el apoyo de un sello discográfico que les realicé los trámites correspondientes; lo anterior, implica la necesidad de instruirse de manera individual sobre la temática, para evitar que su obra se vea comprometida o vulnerable frente a los usos no autorizados de las creaciones.

A medida que la profesionalización crezca y la educación sobre aspectos de derechos autorales se expanda, se abrirán mejores oportunidades para quienes crean Rap en Sinaloa, permitiéndoles comprender temas relacionados relevantes como las distintas formas de monetización de una obra musical (regalías de ejecución digital, del máster, mecánicas, licencias de sincronización, etcétera.), que consecuentemente se puede traducir en una mayor protección de su obra y en contratos más equilibrados y justos en torno a sus creaciones.

Reflexiones finales del libro

Como hemos desarrollado en la investigación presentada en este libro, raperas y raperos de Sinaloa se encuentran inmersos en un modelo variable dentro de la industria de la música y en particular del género de Rap mexicano, y es en esa dinámica en donde se generan diferentes maneras de crear, producir, distribuir, promocionar, tocar en vivo, de abordar los derechos de autor, etcétera; numerosas vías en las que la exploración y el ensayo-error son generalmente la regla.

Es notable que, en este sector cultural, es complejo determinar patrones de acción absolutos para el desarrollo artístico; sin embargo, hemos logrado puntualizar ciertas directrices generales que enmarcan el quehacer musical independiente, colocando como centro a creadoras y creadores de Rap sinaloense, sus procesos, complejidades y relación con otros agentes y elementos que forman la industria de la música.

Hacer Rap en Sinaloa presenta bastantes desafíos, hay que reinventarse, adaptarse y optimizar al máximo los recursos con los que se cuenta, desde la creación hasta la exposición en vivo de la música, pasando también por los aspectos administrativos y legales. Todas las etapas desarrolladas previamente (el ensayo, promoción, grabación, inversión, monetización, derechos de autor, entre otras) son significativas y se relacionan; las y los raperos sinaloenses tienen que desplegar una serie de habilidades, estrategias y responsabilidades para desenvolverse en el intento de afianzar una carrera musical.

Dentro de esas tendencias, podemos observar que en lo general la disciplina o talento son solo una parte de lo requerido para subsistir, puesto que en la práctica existe una alta tasa de fracaso de proyectos de Rap, por diversas razones, pero una de las principales tiene que ver con la capacidad económica para permanecer realizando inversiones que habitualmente no tienen retorno.

Para finalizar, además de haber aportado la labor investigativa para desarrollar ciertas tendencias del Rap en Sinaloa, difundimos este libro para que opere como un generador de conocimiento e ideas para la continua profesionalización de las raperas y raperos de Sinaloa, apasionados por la música y con valiosas aspiraciones de convertirla en su profesión que les permita vivir dignamente.

De la misma manera, convocamos a la academia, instituciones de gobierno, implicados en el sector musical y la sociedad en general, a que sigamos reconociendo el gran impacto socioeconómico que la música tiene en nuestras vidas, que sigamos analizándola científicamente, y que nos involucremos en la generación de conversaciones que contribuyan a la creación de políticas públicas integrales, para mejorar y equilibrar las condiciones para todas las personas implicadas en la creación de música independiente.

Referencias bibliográficas

Albornoz, L., Herschmann, M. (2012). De las majors a los "barrios musicales", Apuntes sobre la industria de la música en Iberoamérica Revista Telos, recuperado de https://telos.fundaciontelefonica.com/url-direct/pdf-generator?-tipoContenido=articuloTelos&idContenido=2012042612010001&idioma=es

Andrade, Berenice (2013). Entre el rock y todo lo demás. Gatopardo, recuperado de http://www.gatopardo.com/EstilosHomeGP.php?Id=645

Bustamante, E. (coord..), (2003). Hacia un nuevo sistema mundial de comunicación. Las industrias culturales en la era digital. Gedisa. Barcelona.

Calvi, Juan C. (2006). La industria de la música, las nuevas tecnologías digitales e Internet. Algunas transformaciones y salto en la concentración Revista Zer, 21, 2006 Recuperado de http://www.ehu.eus/zer/hemeroteca/pdfs/zer21-08-calvi.pdf

Cañete, R. (2002). En contra del default cultural. Clarín.

Fernández Mayo, G. (2011). Terpsícore y Euterpe: un correlato poético pedagógico para la creación artística. Revista Cúpulas, 2.

Fernández Velázquez, J. A. (2013). "Una aproximación al estudio de las músicas como parte del consumo cultural", en: revista El artista. Número 10,

Garoffalo, R. y Chapple, S. (1997). Rock'n Roll is Here to Pay. Chicago: Nelson Hall.

GGI (2024) Streetwear Market Size. Global Growth Insights. Recuperado de: https://www.globalgrowthinsights.com/market-reports/streetwear-market-102177#:~:text=In%202023%2C%20the%20Streetwear%20market%20value%20stood%20at%20USD%20192.3%20billion.

Gimenez, Gilberto. (2010). Cultura, identidad y procesos de individualización. Conceptos y fenómenos fundamentales de nuestro tiempo. p.3

Herrera, Vivi, (2012). Su nombre es Rock, Chava Rock.. Ipsofacto, recuperado de http://ipsofactofuckers-blog-blog.tumblr.com/post/38411578137

Hesmondhalgh, D. (2013). The Culture Industry: The Concept of Cultural Work. Routledge.

IFPI, (2006-2016). Digital Music Report, London.

Larrégola, G. (1998). De la televisión analógica a la televisión digital. Barcelona: Libros de comunicación global.

Márquez, Israel (2013). La música popular en el siglo XXI. Editorial Milenio. Madrid

Márquez, Kike. Todo lo que necesitas saber de los sellos discográficos. Industria Musical. (abril de 2014). Industria Musical. Recuperado de http://industria-musical.es/todo-lo-que-necesitas-saber-de-los-sellos-discograficos/

Martinelli, L. (2015). Guía Rec: herramientas para músicos emprendedores. Disponible en: https://www.cultura.gob.ar/media/uploads/09-produccion-musical-en-estudios-no-profesionales_guia-rec.pdf

Megías, I. y Rodríguez, E. (2002). Jóvenes entre sonidos: hábitos, gustos y referentes musicales. Madrid, España: INJUVE.

Mena, M. (2021). Los géneros musicales que el mundo está escuchando. Statista. Recuperado de: https://es.statista.com/grafico/25305/encuestados-que-escuchan-los-siguientes-generos-musicales-a-traves-de-servicios-de-musica-digital/

Mitchell, B. (2023). Tapping Into Superfans and Generative AI Among Hot Topics in New Edition of 'The Trapital Report'. Billboard. Recuperado de: https://www.billboard.com/pro/trapital-2023-report-hip-hop-streaming-generative-ai-superfans/

Palmeiro, César. Krakowiak, F. (2005) La industria del Disco, Economía de las PyMEs de la industria discográfica en la Ciudad de Buenos Aires. Investigación Observatorio de Industrias Culurales. Buenos Aires. OIC.

Pamplona, Colombia: Universidad distrital Francisco José de Caldas, 164-175.

Pelegrin, A. (2024). Tendencias musicales en 2024: lo que está sonando y lo que viene. Larrosa. Recuperado de: https://www.larrosa.pro/post/tendencias-musicales-en-2024-lo-que-est%C3%A1-sonando-y-lo-que-viene

Pérez-Colman, (2015). Una sociología del cuerpo del rock, Tesis Doctoral, Universidad Complutense de Madrid, recuperado de: https://1library.co/document/ye3v7v4q-una-sociologia-del-cuerpo-del-rock.html

Piedras, Ernesto, (2004). ¿Cuánto vale la cultura?: La contribución económica de las industrias culturales. Consejo nacional para la cultura y las artes.

RIAA (2024). Reporte de ventas de la industria de la música. Recuperado de: https://www.riaa.com/reports/2024-mid-year-music-industry-revenue-report-riaa/

The N Channel (2023) Snoop Dogg envía un mensaje a las plataformas de streaming. Youtube: https://www.youtube.com/shorts/Ke058UDxkkw

Torres, Cristian D. (2014). In Estéreo: la industria de la música actual. El caso México. Editorial Fragua. Madrid.

Tubella, I. (2005) De la comunicación de masas a la comunicación multimedia". En Pascual, A., y Roig, A. (Coords.). Comunicación audiovisual digital. Nuevos medios, nuevos usos, nuevas formas. Barcelona: Editorial UOC.

UNESCO, (2001). Declaración Universal sobre la Diversidad Cultural. Ed. UNESCO.

Voguel, H. L. (2001). Entertainment Industry Economics. A Guide for Financial Analysis. Cambridge: Cambridge University Press.

Zallo, R., (1988). Economía de la comunicación y la cultura. Akal. Madrid.

—